W0213846

Henri J. M. Nouwen

Die Kraft seiner Gegenwart

Henri J. M. Nouwen

Die Kraft seiner Gegenwart

Leben aus der Eucharistie

Aus dem Amerikanischen
übersetzt von
Bernardin Schellenberger

Herder
Freiburg · Basel · Wien

Titel der Originalausgabe:
With Burning Hearts
A Meditation on the Eucharistic Life

© Henri J. M. Nouwen, 1994

2. Auflage 1994

Umschlagmotiv: „Communion", © Steve Hawley 1994.
Alle Rechte vorbehalten – Printed in Germany
© Verlag Herder Freiburg im Breisgau 1994
Herstellung: Clausen & Bosse, Leck
Gedruckt auf umweltfreundlichem,
chlorfrei gebleichtem Papier
ISBN 3-451-23469-6

Inhalt

Dank

Dieses Buch habe ich in Chobham in England und in Sacramento in Kalifornien geschrieben. Bart und Patricia Gavigan hatten mir dazu das wunderschöne Landhaus im Tagungszentrum von Brookplace angeboten, und Frank Hamilton hat mir seine gemütliche Wohnung in der Beale Airforce Base zur Verfügung gestellt. Diesen außergewöhnlichen Menschen bin ich zu tiefem Dank verpflichtet, nicht nur dafür, daß sie für mein Bedürfnis nach einem stillen Ort Verständnis hatten, sondern auch, ja noch mehr, für ihre hilfreiche Freundschaft.

Ein besonderer Dank geht an Kathy Christie und Conrad Wieczorek für ihre fachkundige Mithilfe als Sekretärin und als Lektor, an Sue Mosteller und Douglas Wiebe für ihre hilfreichen Anmerkungen zum ersten Entwurf, und an meinen Lektor im Verlag Orbis Books Robert Ellsberg für seine persönliche Unterstützung, seine vielen fruchtbaren Anregungen und für die Begeisterung, mit der er mir geholfen hat, dieses Buch fertigzustellen.

Dieses Buch habe ich einfach deshalb geschrieben, weil ich es schreiben wollte. Niemand hat mich darum gebeten. Schon lange Zeit hatte ich mich gedrängt gefühlt, Gedanken und Gefühle über die Eucharistie und das eucharistische Leben zu Papier zu bringen. Als ich anfing, diese Gedanken in Vorlesungen und Vorträgen zu äußern, spürte ich zunehmend den Wunsch, sie in einem kleinen Buch zusammenzufassen und den Menschen in die Hand zu geben, die sich um ein in der Eucharistie verwurzeltes geistliches Leben mühen.

Ich hoffe, daß alle, die dieses Buch lesen, darin etwas frische Speise und einen belebenden Trank auf ihrem Weg zu Gott finden.

Henri Nouwen

Einführung

Jeden Tag feiere ich die Eucharistie. Manchmal in meiner Pfarrkirche zusammen mit mehreren hundert Menschen, manchmal in der Kapelle von Daybreak mit Mitgliedern meiner Gemeinschaft, manchmal mit wenigen Freunden in einem Hotelzimmer und manchmal im Wohnzimmer meines Vaters, wo nur wir zwei beteiligt sind. Ganz wenige Tage vergehen, ohne daß ich „Herr, erbarme dich“ bete, die Tageslesungen und einige Gedanken dazu vortrage, das Glaubensbekenntnis spreche, den Leib und das Blut Christi teile und um einen fruchtbaren Tag bete.

Aber immer noch frage ich mich: Weiß ich, was ich da vollziehe? Wissen diejenigen, die mit mir um den Tisch stehen oder sitzen, woran sie teilhaben? Ereignet sich da etwas Wirkliches, etwas, das unserem Leben spürbar Gestalt gibt – obwohl es uns so allbekannt ist? Und was ist mit all denen, die nicht hier bei uns sind? Ist die Eucharistie immer noch etwas, wovon sie wissen, woran sie denken oder was sie sich wünschen? Welche Beziehung besteht zwischen dieser täglichen Feier und dem Alltagsleben gewöhnlicher Männer und Frauen, mögen sie anwesend sein oder nicht? Ist sie mehr als eine liebgewordene Zeremonie, ein beruhigendes Ritual oder eine bequeme Routine? Und schließlich: schenkt die Eucharistie Leben, ein Leben, das die Macht hat, den Tod zu besiegen?

Alle diese Fragen stellen sich mir sehr konkret; ständig drängen sie auf eine Antwort. O doch, ich hatte schon eine ganze Anzahl Antworten, aber es scheint, sie sind in meiner rasch sich verändernden Welt nicht von langem Bestand. Die Eucharistie schenkt meinem Sein in der Welt Sinn, aber gibt die Eucharistie diesen auch immer noch einer sich wandelnden Welt? Ich habe viele Bücher über die Eucharistie gelesen. Sie wurden vor zehn, zwanzig, dreißig, sogar vierzig Jahren geschrieben. Zwar enthalten sie viele tiefe Einsichten, aber dennoch helfen sie mir nicht mehr, die Eucharistie als das Zentrum meines Lebens zu erfahren. Heute stellen sich mir wieder die alten Fragen: Wie kann mein ganzes Leben von der Eucharistie geprägt sein, und was kann die tägliche Feier der Eucharistie dazu beitragen? Ich muß darauf meine eigene Antwort finden. Ohne diese ganz eigene Antwort könnte es sein, daß die Eucharistie zu nicht sehr viel mehr als einem hübschen Ritual wird.

Dieses kleine Buch stellt den Versuch dar, mit mir selbst und meinen Freunden über die Eucharistie zu sprechen und ein dichtes Netz von Beziehungen und Zusammenhängen zwischen der täglichen Feier der Eucharistie und unserer alltäglichen menschlichen Erfahrung zu knüpfen. Wir treten jede Feier mit bußfertigem Herzen an und beten das „Kyrie eleison". Wir hören auf das Wort – die Schriftlesungen und die Homilie –, wir bekennen unseren Glauben, wir bieten Gott die Früchte der Erde und der menschlichen Arbeit dar, und wir empfangen von Gott den Leib und das Blut Jesu; schließlich werden wir in die Welt hinausgeschickt, mit dem Auftrag, das Angesicht der Erde zu erneuern. Das, was in der Eucharistie geschieht, offenbart die tiefsten menschlichen Erfahrungen: die Trauer, die Aufmerksamkeit, die Einladung, die Nähe und das Sich-Einsetzen. Es ist eine Zusammenfassung des Lebens, das wir im Namen Gottes führen sollen. Nur wenn wir die vielfältigen Beziehungen und Zusammenhänge zwischen der Eucharistie und unserem Leben in der Welt erkennen, kann die Eucharistie „weltlich" werden und unser Leben „eucharistisch".

Meinen Gedanken über die Eucharistie und das eucharistische Leben will ich die Geschichte von den beiden Jüngern zugrundelegen, die von Jerusalem nach Emmaus und von dort wieder zurück gewandert sind. Diese Geschichte spricht von Verlust, Gegenwart, Einladung, Kommunion und Aussendung. Damit umfaßt sie die fünf wesentlichen Gesichtspunkte der eucharistischen Feier.

Alle diese Elemente bilden eine Bewegung, und zwar die von der Niedergeschlagenheit zur Dankbarkeit, das heißt: aus verhärteten Herzen werden dankbare Herzen. Die Eucharistiefeier stellt diese geistliche Bewegung auf sehr dichte Weise dar. Bei unserem eucharistischen Leben geht es dann darum, diese Bewegung in jedem Augenblick unseres Alltagsdaseins zu erfahren und zu bestätigen. Ich hoffe, die fünf Schritte dieser Bewegung – von der Niedergeschlagenheit bis zur Dankbarkeit – so darstellen zu können, daß deutlich wird, wie das, was wir feiern und das, was wir zu leben berufen sind, im Wesentlichen ein und dasselbe sind.

Auf dem Weg nach Emmaus

Am gleichen Tag waren zwei von den Jüngern auf dem Weg in ein Dorf namens Emmaus, das sechzig Stadien von Jerusalem entfernt ist. Sie sprachen miteinander über all das, was sich ereignet hatte.

Während sie redeten und ihre Gedanken austauschten, kam Jesus hinzu und ging mit ihnen. Doch sie waren wie mit Blindheit geschlagen, so daß sie ihn nicht erkannten. Er fragte sie: Was sind das für Dinge, über die ihr auf eurem Weg miteinander redet? Da blieben sie traurig stehen, und der eine von ihnen – er hieß Kleopas – antwortete ihm: Bist du so fremd in Jerusalem, daß du als einziger nicht weißt, was in diesen Tagen dort geschehen ist? Er fragte sie: Was denn? Sie antworteten ihm: Das mit Jesus aus Nazaret. Er war ein Prophet, mächtig in Wort und Tat vor Gott und dem ganzen Volk. Doch unsere Hohenpriester und Führer haben ihn zum Tod verurteilen und ans Kreuz schlagen lassen. Wir aber hatten gehofft, daß er der sei, der Israel erlösen werde. Und dazu ist heute schon der dritte Tag, seitdem das alles geschehen ist. Aber nicht nur das: Auch einige Frauen aus unserem Kreis haben uns in große Aufregung versetzt. Sie waren in der Frühe beim Grab, fanden aber seinen Leichnam nicht. Als sie zurückkamen, erzählten sie, es seien ihnen Engel erschienen und hätten gesagt, er lebe. Einige von uns gingen dann zum Grab und fanden alles so, wie die Frauen gesagt hatten; ihn selbst aber sahen sie nicht.

Da sagte er zu ihnen: Begreift ihr denn nicht? Wie schwer fällt es euch, alles zu glauben, was die Propheten gesagt haben. Mußte nicht der Messias all das erleiden, um so in seine Herrlichkeit zu gelangen? Und er legte ihnen dar, ausgehend von Mose und allen Propheten, was in der gesamten Schrift über ihn geschrieben steht. So erreichten sie das Dorf, zu dem sie unterwegs waren. Jesus tat, als wolle er weitergehen, aber sie drängten ihn und sagten: Bleib doch bei uns; denn es wird bald Abend, der Tag hat sich schon geneigt. Da ging er mit hinein, um bei ihnen zu bleiben. Und als er mit ihnen bei Tisch war, nahm er das Brot, sprach den Lobpreis, brach das Brot und gab es ihnen. Da gingen ihnen die Augen auf, und sie erkannten ihn; dann sahen sie ihn nicht mehr. Und sie sagten zueinander: Brannte uns nicht das Herz in der Brust, als er unterwegs mit uns redete und uns den Sinn der Schrift erschloß? Noch in derselben Stunde brachen sie auf und kehrten nach Jerusalem zurück, und sie fanden die Elf und die anderen Jünger versammelt. Diese sagten: Der Herr ist wirklich auferstanden und ist dem Simon erschienen. Da erzählten auch sie, was sie unterwegs erlebt und wie sie ihn erkannt hatten, als er das Brot brach.

Lukasevangelium 24,13–35

ERSTES KAPITEL

Wir trauern um unsere Verluste

„Herr, erbarme dich“

Zwei Menschen sind miteinander unterwegs. An ihrem Gang kann man sehen, daß sie unglücklich sind. Ihre Körper sind vornübergebeugt, ihr Blick zu Boden gerichtet, ihre Bewegungen schleppend. Sie schauen einander nicht an. Ab und zu sagen sie irgendetwas, aber jeder redet eher mit sich selbst. Ihre Worte lösen sich als nutzlose Laute in der Luft auf. Obwohl sie dem Weg folgen, auf dem sie gehen, scheinen sie kein Ziel zu haben. Sie kehren heim, aber daheim sind sie nicht mehr zu Hause. Sie wissen einfach nicht, wohin sie sonst gehen sollten. Sie sind in der Leere daheim, in der Enttäuschung, in der Verzweiflung.

Sie können es gar nicht mehr glauben, daß sie erst vor wenigen Jahren einen getroffen hatten, der ihr Leben völlig verändert hatte, einen, der ihre alltägliche Routine radikal unterbrochen und ihr ganzes Leben mit völlig neuem Schwung erfüllt hatte. Sie hatten damals ihr Dorf verlassen, waren diesem Fremden gefolgt und hatten hinter dem Schleier ihrer Alltagsgeschäfte eine ganz und gar neue Wirklichkeit entdeckt. Eine Wirklichkeit, in der das Verzeihen, das Geheiltwerden und die Liebe keine leeren Worte mehr gewesen waren, sondern Kräfte, die sie im Kern ihres Menschseins angerührt hatten. Der Fremde aus Nazaret hatte alles neu gemacht. Er hatte sie in Menschen verwandelt, die die Welt nicht mehr als Last empfanden, sondern als Herausforderung, nicht mehr als Feld voller Fallstricke und Fußangeln, sondern voller unbegrenzter Möglichkeiten. Er hatte in ihren Alltag die Erfahrung von Freude und Frieden gebracht. Aus ihrem Leben war ein Tanz geworden!

Jetzt ist er tot. Sein Körper, der geradezu Licht ausgestrahlt hatte, ist unter den Händen seiner Folterer vernichtet worden. Seine Glieder sind von den Instrumenten der Gewalttätigkeit und des Hasses durchfurcht worden, seine Augen sind leere Löcher geworden, seine Hände haben ihren Griff verloren, seine Füße ihren Stand. Er ist ein Niemand unter lauter Niemanden geworden. Alles ist zu nichts geworden. Sie haben ihn verloren. Nicht nur ihn, sondern mit ihm auch sich selbst. Die Energie, die ihre Tage und Nächte beseelt hatte, ist restlos aus ihnen gewichen. Sie sind zu zwei verlorenen Menschenwesen geworden, die heimwandern, ohne eine Heimat zu haben, die zurückkehren in eine düster gewordene Erinnerung.

In vieler Hinsicht gleichen wir den beiden. Wir wissen das, wenn wir den Mut aufbringen, in unsere Wesensmitte zu schauen und darin unserer Verlorenheit ins Angesicht zu blicken. Sind nicht auch wir verloren?

Wenn es ein Wort für das gibt, was unseren Schmerz ausmacht, dann ist es das Wort *verloren*. Wir haben so viel verloren! Zuweilen sieht es geradezu so aus, als bestehe das Leben lediglich aus einer langen Serie von Verlusten: Bei unserer Geburt verloren wir die Sicherheit des Schoßes, als wir zur Schule kamen, verloren wir die Sicherheit des Familienlebens, als wir unsere erste Stelle antraten, verloren wir die Freiheit der Jugend, als wir heirateten oder zum Priester geweiht wurden, verloren wir die Freude, das Leben noch ganz offen vor uns zu haben, und als wir alt wurden, verloren wir unser gutes Aussehen, unsere alten Freunde oder unser hohes Ansehen. Als wir schwach oder krank wurden, verloren wir unsere physische Unabhängigkeit, und bei unserem Tod werden wir vollends alles verlieren! Alle diese Verluste gehören schon zum ganz gewöhnlichen Leben. Aber wessen Leben verläuft schon ganz gewöhnlich? Jeder kennt auch außergewöhnliche Erfahrungen des Verlierens, die ganz besonders tiefe Spuren in unseren Herzen hinterlassen: das ist der Verlust der Nähe durch Trennung, der Sicherheit durch Gewalttätigkeit, der Unschuld durch Mißbrauch, der Verlust von Freunden durch Verrat, von Liebe durch Verlassenwerden, von Heimat durch Krieg, von Wohlbefinden durch Hunger, Hitze und Kälte, der Verlust von Kindern durch Krankheit oder Unfall, der Verlust der Heimat durch politische Unruhen und der Verlust von Leben durch Erdbeben, Überschwemmungen, Flugzeugabstürze, Bomben und Seuchen.

Viele dieser düsteren Möglichkeiten mögen den meisten von uns erspart bleiben; sie mögen für uns auf den Seiten der Zeitungen und den Bildschirmen der Fernsehapparate bleiben. Niemand indes kann den tödlichen Verlusten entgehen, die unser Alltagsleben heimsuchen – dem Verlieren unserer Träume. Wir hatten uns selbst so lange für erfolgreich, beliebt und zutiefst geliebt gehalten. Wir hatten auf ein Leben der Großherzigkeit, des Dienens und der Selbsthingabe gehofft. Wir hatten vorgehabt, stark im Verzeihen zu sein, aufmerksam in der Sorge um andere, gütig und zuvorkommend in allen Lebenslagen. Wir hatten davon geträumt, zu Versöhnern und Friedensstiftern zu werden. Aber irgendwie – wir wissen gar nicht genau, wie das gekommen ist – haben wir unseren Traum verloren. Wir sind zu sorgenvollen, ängstlichen Menschen geworden, die sich an die paar Dinge klammern, die sie angesammelt haben und sich jeden Tag neu miteinander über die jüngsten politischen, sozialen und kirchlichen Skandale aufregen. Oft fällt es am schwersten, zuzugeben, daß man den Geist verloren hat, und es kostet ungeheuer viel Überwindung, das zu bekennen.

Noch schlimmer als all das ist jedoch, wenn man den Glauben verloren hat – also die Überzeugung, daß unser Leben einen Sinn hat. Eine Zeitlang waren wir imstande, unsere Verluste zu ertragen, ja sie sogar mit innerer Stärke und Ausdauer zu tragen, denn wir deuteten sie als Verluste, die uns Gott näher bringen würden. Die Schmerzen und Leiden des Lebens waren erträglich, denn wir betrachteten sie als Mittel, unsere Willenskraft zu stärken und unsere Überzeugung zu vertiefen. Aber mit zunehmendem Alter entdecken wir, daß alles, wovon wir so viele Jahre lang gezehrt hatten: das Gebet, der Gottesdienst, die Sakramente, das Gemeinschaftsleben und das klare Wissen, daß Gott uns führe, seine belebende Kraft für uns verliert. Liebgewordene Vorstellungen, lang geübte Formen der Selbstbeherrschung, altvertraute Gewohnheiten, das Leben zu feiern, rühren unser Herz nicht mehr an, und wir verstehen gar nicht mehr, warum und wie wir davon so getragen worden waren. Wir erinnern uns der Zeit, in der Jesus für uns so wirklich gewesen war, daß wir ganz selbstverständlich mit seiner Gegenwart in unserem Leben gerechnet hatten. Er war unser vertrautester

Freund, unser Ratgeber und Führer gewesen. Er hatte uns Trost, Mut und Zuversicht geschenkt. Ja, wir hatten ihn spüren, schmecken und berühren können. Und jetzt? Jetzt denken wir nur noch selten an ihn; wir sehnen uns nicht mehr danach, viele Stunden in seiner Gegenwart zu verbringen. Wir haben nicht mehr dieses besondere Gefühl für ihn. Wir stellen uns sogar die Frage, ob er nicht vielleicht doch nur eine Gestalt aus einem Buch voller alter Geschichten ist. Viele unserer Freunde lachen über ihn, machen sich über ihn lustig oder wissen einfach nichts mehr von ihm. Nach und nach wird uns klar, daß er auch für uns ein Fremder geworden ist. Irgendwie haben wir ihn verloren.

Ich möchte nicht zu unterstellen versuchen, daß alle diese Verluste ausnahmslos jeden von uns treffen. Aber wenn wir ein Stück Weg miteinander gehen und aufeinander hören, entdecken wir rasch, daß viele, wenn nicht die meisten dieser Verluste zum Weg gehören, zu unserem eigenen Weg oder zum Weg unserer Gefährten.

Was sollen wir angesichts dieser Verluste tun? Das ist die naheliegendste Frage. Sollen wir sie nicht wahrhaben? Sollen wir weiterleben, als gäbe es sie nicht? Verbergen wir sie vor unseren Weggefährten? Reden wir uns selbst und anderen ein, daß unsere Verluste gering sind im Vergleich zu unseren Gewinnen? Machen wir irgendjemandem einen Vorwurf? Meistens tun wir all das, aber es gibt auch eine andere Möglichkeit: die Möglichkeit der Trauer. Ja, wir müssen unsere Verluste betrauern. Wir können sie nicht mit Worten oder Taten aus der Welt schaffen, aber wir können ihretwegen Tränen vergießen und uns selbst erlauben, tief traurig zu sein. Zu trauern, das bedeutet, es zuzulassen, daß unsere Verluste unsere Gefühle der Sicherheit und Unangefochtenheit in Frage stellen und uns die Augen für die schmerzliche Wahrheit öffnen, daß wir gebrochene Wesen sind. Unsere Trauer läßt uns erfahren, daß unser eigenes Leben ein Abgrund ist, in dem nichts gelöst, klar und eindeutig ist, sondern alles unablässig in der Schwebe und im Umbruch sich befindet.

Wenn wir den Schmerz angesichts unserer eigenen Verluste ganz zulassen, geht unser inneres Auge für eine Welt auf, in der Verluste erlitten werden, die weit über unseren eigenen engen Bereich von Familie, Freunden und Kollegen hinausreichen. Das ist die Welt der Gefangenen, der Flüchtlinge, der Aidskranken, der hungernden Kinder und der zahllosen Menschen, die in ständiger Angst leben müssen. Der Schmerz unseres eigenen traurigen Herzens verbindet uns dann mit dem Trauern und Stöhnen einer leidenden Menschheit. Dann wird unsere Trauer größer als wir selbst.

Aber mitten in diesem unermeßlichen Leid gibt es eine überraschende Stimme. Das ist die Stimme dessen, der sagt: „Selig die Trauernden, denn sie werden getröstet werden“ (Matthäus 5,4). Das ist die unerwartete Neuigkeit: tief in unserer Trauer steckt Segen. Nicht diejenigen, die trösten, werden als Selige, als Gesegnete bezeichnet, sondern die Trauernden! Unter all unseren Tränen ist ein Geschenk versteckt. Mitten in unserem Klagen setzen wir zu den ersten Schritten eines Tanzes an. Und die Schmerzenslaute, die unsere Verluste verursachen, sind eng verwandt mit unseren Dankesliedern.

Wir kommen zur Eucharistie mit Herzen, die durch viele Verluste zerbrochen sind, durch eigene Verluste und durch Verluste der ganzen Welt. Wie die beiden Jünger, die in ihr Dorf heimwanderten, sagen auch wir: „Wir aber hatten gehofft – aber unsere Hoffnung ist zerschlagen worden. Stattdessen haben wir Folter und Tod erleben müssen." Wir gehen nicht mehr hocherhobenen Hauptes, schauen nicht mehr geradeaus, sondern bleiben „traurig stehen" und lassen den Kopf hängen.

So fängt der Weg an. Alles kommt darauf an, ob uns unsere Verluste auf den Weg in den Unwillen oder auf den Weg in die Dankbarkeit führen. Der Unwille, der Groll ist eine echte Möglichkeit. Viele wählen sie. Wenn uns ein Verlust nach dem anderen trifft, werden wir leicht enttäuscht, wütend und bitter und verhärten uns immer mehr im Groll. Je älter wir werden, desto stärker ist die Versuchung, zu sagen: „Das Leben hat mich betrogen. Ich habe keine Zukunft mehr, ich habe nichts mehr zu hoffen. Das einzige, was ich noch tun kann, ist, das bißchen, was mir noch geblieben ist, zu verteidigen, damit ich nicht vollends alles verliere."

Der Groll ist eine der destruktivsten Kräfte in unserem Leben. Er ist eine Art kalte Wut, die sich im Kern unseres Wesens abgelagert und unsere Herzen hart gemacht hat. Der Groll kann so sehr zu einer alldurchdringenden Grundeinstellung werden und alle unsere Worte und Taten durchdringen, daß wir ihn gar nicht mehr als solchen erkennen.

Oft frage ich mich, wie ich wohl leben würde, wenn in meinem Herzen keinerlei Groll wäre. Ich habe mich allzusehr daran gewöhnt, über Leute zu reden, die ich nicht mag, Erinnerungen an Ereignisse mit mir herumzutragen, die mir sehr weh getan haben, oder das, was ich sage oder tue, mit Mißtrauen oder Angst zu äußern. Aus diesem Grund weiß ich gar nicht, wie das wäre, wenn es nichts Beklagenswertes gäbe und niemanden, mit dem ich mich schwer tue. Mein Herz hat immer noch viele Winkel, in denen ich Groll verberge, und ich frage mich, ob ich sie allen Ernstes auskehren will! Was würde ich ohne diese Groll-Ablagerungen tun? Es gibt in meinem Leben genügend Gelegenheiten, sie noch weiter aufzufüllen. Schon vor dem Frühstück hatte ich heute viele Gefühle des Mißtrauens und der Eifersucht, ich zerbrach mir schon den Kopf über Leute, denen ich aus dem Weg gehen möchte, ich ersann Mittel und Wege, diesen neuen Tag einigermaßen abgeschirmt zu verbringen.

Ich frage mich, ob es überhaupt Menschen gibt, die keinerlei Groll im Herzen haben. Der Groll stellt sich ganz spontan angesichts unserer vielen Verluste ein. Tragischerweise steckt auch in der Kirche viel Groll. Die Lähmung der Christengemeinschaft rührt weitgehend daher.

Dennoch: die Eucharistie eröffnet eine andere Möglichkeit. Das ist die Möglichkeit, zu wachsen und zu reifen; nicht den Groll zu wählen, sondern die Dankbarkeit. Die Trauer über unsere Verluste ist der erste Schritt weg vom Groll und hin zur Dankbarkeit. Die Tränen unseres Schmerzes können unsere harten Herzen erweichen und uns für die Möglichkeit öffnen, „Danke" zu sagen.

Das Wort „Eucharistie" heißt genau übersetzt: „Akt der Danksagung". Die Eucharistie zu feiern und ein eucharistisches Leben zu führen hat also ungemein viel mit Dankbarkeit zu tun. Eucharistisch leben heißt, das Leben als Geschenk leben, als Geschenk, für das man dankbar ist. Aber die Dankbarkeit ist nicht die naheliegendste Reaktion auf das Leben, zumal dann nicht, wenn wir das Leben als eine Abfolge von Verlusten erfahren! Trotzdem: das große Geheimnis, das wir in der Eucharistie feiern und in einem eucharistischen Leben verwirklichen, ist genau dies: daß wir aus der Trauer über unsere Verluste lernen, daß das Leben ein Geschenk ist. Die Schönheit und Kostbarkeit des Lebens ist ganz und gar mit seiner Zerbrechlichkeit und Sterblichkeit verwoben. Wir können das tagtäglich erfahren – wenn wir eine Blume in die Hand nehmen, wenn wir einen Schmetterling in der Luft tanzen sehen, wenn wir einen Säugling liebkosen. Immer sind dabei die Zerbrechlichkeit und der Geschenk-Charakter im Spiel, und unsere Freude hängt mit beidem zusammen.

Jede Eucharistiefeier beginnt mit einem Schrei um Gottes Erbarmen. Vermutlich gibt es in der Geschichte der Christenheit kein anderes Gebet, das so häufig und innig gebetet worden ist wie das Gebet: „Herr, erbarme dich." Dieses Gebet eröffnet nicht nur alle eucharistischen Feiern des Westens, sondern durchtönt als andauernder Ruf alle östlichen Liturgien. Herr, erbarme dich, Kyrie eleison, Gospodi pomiluj. Das ist der Schrei des Volkes Gottes, der Schrei von Menschen mit zerknirschtem Herzen.

Zu diesem Schrei um Erbarmen sind wir nur dann fähig, wenn wir bereit sind, einzugestehen, daß wir selbst irgendwie und irgendwo mitschuldig geworden sind an unseren Verlusten. Wenn man um Erbarmen ruft, gibt man zu, daß man nicht ganz der Wahrheit über sich selbst zu ihrem Recht verhilft, wenn man nur Gott, der Welt oder anderen die Schuld dafür gibt, was man verloren hat. Sobald wir bereit sind, die Verantwortung für unseren Schmerz, sogar für nicht direkt selbstverschuldeten Schmerz, zu übernehmen, wird aus dem Vorwurf die Anerkenntnis, daß wir unser Teil zur Gebrochenheit des Menschen beitragen.

Das Gebet um Gottes Erbarmen kommt aus einem Herzen, das weiß, daß diese Gebrochenheit des Menschen nicht ein fataler Umstand ist, dessen Opfer wir traurigerweise geworden sind, sondern die bittere Frucht der Wahlmöglichkeit des Menschen, zur Liebe „Nein" zu sagen. Die Jünger, die nach Emmaus heimwanderten, waren traurig, weil sie den einen verloren hatten, auf den sie ihre ganze Hoffnung gesetzt hatten; gleichzeitig war ihnen voll bewußt, daß ihre eigenen Führer ihn hatten ans Kreuz schlagen lassen. Im Grunde wußten sie, daß ihre Trauer mit dem Bösen zu tun hatte, einem Bösen, das sie in ihren eigenen Herzen erkennen konnten.

Die Voraussetzung dafür, daß wir die Eucharistie fruchtbar feiern, ist, daß wir mit beiden Beinen fest in dieser Welt stehen und unsere Mitverantwortung für das Böse übernehmen, das uns umgibt und durchdringt. Solange wir in unserem Jammern steckenbleiben, in unserem Klagen über die schlimmen Zeiten, in denen wir leben, über die furchtbaren Dinge, die geschehen, über das schreckliche Schicksal, das wir ertragen müssen, gelangen wir nicht bis zur Zerknirschung. Zur Zerknirschung aber kann nur ein zerknirschtes Herz führen. Wenn unsere Verluste blindes Schicksal sind, sind unsere Gewinne reine Glückssache! Der Schicksalsglaube führt nicht zur Zerknirschung, die Glücksgläubigkeit nicht zur Dankbarkeit.

Bei genauem Hinsehen sind die Konflikte in unserem persönlichen Leben genau wie die Konflikte auf regionaler, nationaler oder globaler Ebene unsere eigenen Konflikte. Nur wenn wir unsere Mitverantwortung dafür anerkennen, können wir über sie hinauskommen – und uns für ein Leben des Verzeihens, des Friedens und der Liebe entscheiden.

Das Kyrie eleison, das „Herr, erbarme dich", muß aus einem zerknirschten Herzen kommen. Im Gegensatz zu einem verhärteten Herzen ist ein zerknirschtes Herz ein Herz, das nicht anklagt, sondern seinen eigenen Anteil an der Sündhaftigkeit der Welt zugibt und so imstande ist, den Tau des Erbarmens Gottes zu empfangen.

Ich entsinne mich noch einer Abendmeditation im holländischen Fernsehen, bei der der Sprecher Wasser über ein hartes, ausgedörrtes Stück Erde schüttete und sagte: „Schauen Sie, diese Erde kann das Wasser nicht aufnehmen. Folglich kann darin auch kein Same keimen." Dann zerkrümelte er die Erde mit seinen Fingern und schüttete wieder Wasser darüber und erläuterte: „Nur die zerbrochene Erde kann das Wasser aufnehmen. Dann kann der Same keimen und Frucht bringen."

Nachdem ich das gesehen hatte, verstand ich, was es heißt, die Eucharistie mit zerknirschtem Herzen zu beginnen, mit einem Herzen, das zerbrochen und darum aufnahmebereit für das Wasser der Gnade Gottes ist.

Aber wie ist es möglich, eine Danksagungsfeier mit zerbrochenem Herzen zu beginnen? Hat das nicht auf uns eine lähmende Wirkung, wenn wir unseren sündhaften Zustand anerkennen und uns unserer Mitverantwortung für das Böse in der Welt voll bewußt sind? Schwächt uns ein vollständiges Bekenntnis unserer Sünden nicht allzusehr? Doch, das tut es! Aber keiner Sünde kann man sich stellen, wenn man nicht schon eine Ahnung von Gnade hat. Keinen Verlust kann man betrauern, wenn man nicht schon ahnt, daß die Aussicht auf ein neues Leben besteht.

Als die Jünger, die nach Emmaus unterwegs waren, die Geschichte von ihrem großen Verlust erzählten, erzählten sie auch die merkwürdige Geschichte von den Frauen, die das Grab leer gefunden und Engel gesehen hatten. Aber sie waren skeptisch und voller Zweifel. War er nicht erst vor wenigen Tagen gekreuzigt worden? War nicht alles aus gewesen? Hatte nicht das Böse endgültig gesiegt? Was sollten also diese Geschichten der Frauen, daß er lebe? Wer konnte das ernst nehmen? Anderseits mußten sie aber doch zugeben: „Einige von uns gingen dann zum Grab und fanden alles so, wie die Frauen gesagt hatten; ihn selbst aber sahen sie nicht."

Genau so kommen wir gewöhnlich zur Eucharistiefeier. Mit einer seltsamen Mischung aus Verzweiflung und Hoffnung. Ein Teil von uns hat unser eigenes Leben und das Leben der Menschen in unserer Umgebung im Blick und möchte sagen: „Vergessen wir das alles. Alles ist vorbei. O doch, wir haben einmal von einer besseren Welt geträumt, haben uns eine neue Gemeinschaft der Liebe vorgestellt, hatten die Vision einer Zeit vor Augen, in der alle Menschen miteinander in

Frieden leben würden. Aber die Wirklichkeit hat uns eingeholt. Wir wissen jetzt, daß das alles nicht sehr viel mehr als eine Illusion war. Unser kaum zu ändernder Charakter, unsere hartnäckigen schlechten Gewohnheiten, unsere Eifersüchteleien und Abneigungen, unsere Augenblicke des Zorns und der Rachsucht, unsere unbeherrschte Gewalttätigkeit, die zahllosen Äußerungen der menschlichen Grausamkeit, die Verbrechen, die Folterungen, die Kriege, die Ausbeutungen – all dies hat uns ganz gewiß die Augen für die bittere Wahrheit geöffnet, daß unsere jugendliche Hoffnung am Kreuz ausgeblutet ist."

Aber trotzdem – die anderen Geschichten halten sich hartnäckig und tauchen immer wieder auf. Geschichten über wenige Menschen, die das anders gesehen haben, Geschichten von Gesten des Verzeihens und Heilens, Geschichten von Güte, Schönheit und Wahrheit. Und wenn wir sorgfältig auf die tieferen Stimmen in unserem Herzen horchen, geht uns auf, daß unter der Schicht unserer Skepsis und Hoffnungslosigkeit eine Sehnsucht nach Liebe, Einheit und Gemeinsamkeit steckt, die nicht auszurotten ist, mögen noch so viele Argumente sie als sentimentale Erinnerungen aus Kindertagen abtun.

„Herr, erbarme dich, Herr, erbarme dich, Herr, erbarme dich." Dieses Gebet steigt immer wieder aus der Tiefe unseres Wesens auf und durchbricht alle Mauern der Hoffnungslosigkeit. Ja, wir sind Sünder, hoffnungslose Sünder, alles ist verloren, von unseren Hoffnungen und Träumen ist nichts übriggeblieben. Trotzdem gibt es da die Stimme: „Meine Gnade genügt dir!" (vgl. 2 Korinther 12,9), und wir rufen wiederum danach, unsere hoffnungslosen Herzen möchten geheilt werden und den Mut zum Glauben fassen, daß wir tatsächlich mitten in unserer Trauer ein Geschenk finden können, das uns dankbar sein läßt. Doch um das entdecken zu können, brauchen wir einen besonderen Weggefährten.

ZWEITES KAPITEL

Seine Gegenwart erkennen

„Dies ist das Wort Gottes“

Während die beiden Wanderer heimwärts gehen und ihren Verlust betrauern, kommt Jesus hinzu und geht mit ihnen. Doch sie sind wie mit Blindheit geschlagen und erkennen ihn nicht. Plötzlich gehen nicht mehr zwei, sondern drei Menschen miteinander, und alles wird anders. Die beiden Freunde halten nicht länger den Blick zu Boden gesenkt, sondern richten ihn in die Augen dessen, der sich ihnen angeschlossen und sie gefragt hat: „Was sind das für Dinge, über die ihr auf eurem Weg miteinander redet?" Das löst bei ihnen Staunen, ja Aufregung aus: „Bis du so fremd in Jerusalem, daß du als einziger nicht weißt, was in diesen Tagen dort geschehen ist?" Und dann folgt eine lange Geschichte: die Geschichte ihres Verlustes, die Geschichte von den rätselhaften Nachrichten über ein leeres Grab. Wenigstens haben sie jetzt jemanden, mit dem sie darüber reden können, jemanden, der bereit ist, sich ihre Worte der Enttäuschung, der Traurigkeit und der äußersten Verwirrung anzuhören. Nichts scheint mehr einen Sinn zu haben. Aber es tut gut, das alles einem Fremden zu erzählen, statt miteinander immer wieder nur das Allbekannte zu wiederholen.

Dann geschieht etwas! Etwas kommt in Bewegung. Der Fremde beginnt zu reden, und was er sagt, weckt höchste Aufmerksamkeit. Er hat ihnen genau zugehört. Jetzt hören sie ihm zu. Seine Worte sind sehr klar und eindeutig. Er spricht von Dingen, die sie eigentlich schon wissen: von ihrer langen Vergangenheit mit all dem, was in den Jahrhunderten geschehen ist, bevor sie zur Welt gekommen sind, die Geschichte von Mose, der ihr Volk in die Freiheit hinausgeführt hat und die Geschichte der Propheten, die ihr Volk immer wieder dazu angehalten haben, ihre teuer gewonnene Freiheit nicht wieder aufs Spiel zu setzen. Sie kannten diese Geschichte nur zu gut. Und doch war es jetzt, als hörten sie sie zum ersten Mal.

Das Neue daran war derjenige, der diese alte Geschichte erzählte! Ein Fremder, der von nirgendwo her aufgetaucht war und ihnen dennoch irgendwie näher schien als je ein Mensch, der ihnen diese Geschichte erzählt hatte. Alle ihre Gefühle des Verlusts, der Trauer, der Schuld, der Angst, der aufkeimenden Hoffnung; alle diese vielen unbeantworteten Fragen, die in ihren ruhelosen Köpfen schwirrten – all das griff dieser Fremde auf und ordnete es in den Zusammenhang einer Geschichte ein, die viel größer war als ihre eigene. Was so verwirrend ausgesehen hatte, begann neue Horizonte aufzureißen; was so bedrückend ausgesehen hatte, begann sich als befreiend zu offenbaren; was so ungeheuer traurig ausgesehen hatte, begann sich in etwas ungemein Frohmachendes zu wandeln! Während er so zu ihnen sprach, ging ihnen nach und nach auf, daß ihre kleinen Leben gar nicht so klein waren, wie sie gemeint hatten; nein, sie waren Teil eines großen Geheimnisses, das nicht nur viele Generationen umspannte, sondern sich von Ewigkeit zu Ewigkeit erstreckte.

Der Fremde sagte nicht, es bestehe kein Grund zur

Traurigkeit, sondern er sagte, ihre Traurigkeit sei Teil einer viel umfassenderen Traurigkeit, in der die Freude verborgen sei. Der Fremde sagte nicht, der Tod, den sie betrauerten, sei kein wirklicher Tod, sondern er sagte, er sei ein Tod, der in ein viel erfüllteres Leben führe – in das wirkliche Leben. Der Fremde sagte nicht, sie hätten ihren Freund, der ihnen neuen Mut und neue Hoffnung geschenkt hatte, gar nicht verloren, sondern er sagte, dieser Verlust erschließe ihnen eine Beziehung, die jegliche Freundschaft, die sie jemals erfahren hätten, weit übertreffe. Nichts von all dem, was sie ihm erzählten, stellte der Fremde in Abrede. Im Gegenteil, er bestätigte alles; aber er deutete alles als Bestandteil eines viel größeren Ereignisses, bei dem ihnen ihre ganz eigene Rolle zugedacht war.

Trotzdem war das kein besänftigendes Gespräch. Der Fremde redete mit Nachdruck, direkt und ohne jede Sentimentalität. Er bot ihnen alles andere als billigen Trost. Ja, eher sah es so aus, als durchbohre er ihre Klagen mit einer Wahrheit, die sie vielleicht lieber nicht gehört hätten. Immerhin ist es angenehmer, sich im Jammern zu erschöpfen, statt der Wirklichkeit klar ins Gesicht zu sehen. Aber der Fremde scheute sich ganz und gar nicht, ihre Abwehrmechanismen zu durchbrechen und sie aus der Enge ihres Geistes und ihres Herzens herauszuholen.

„Begreift ihr denn nicht?“, entgegnet er. „Wie schwer fällt es euch, alles zu glauben!“ Diese Worte treffen die beiden Männer mitten ins Herz. Wenn einem auf den Kopf zugesagt wird, daß man nichts begreift, tut das weh. Man möchte dagegen Einspruch erheben, möchte sich rechtfertigen. Aber diese klare Feststellung kann auch einen Panzer der Angst und des Kreisens um sich selbst aufbrechen; sie kann einem jäh und neu eröffnen, was Menschsein heißt. Sie ist wie ein Weckruf, ein Wegreißen von Scheuklappen, ein Niederreißen nutzloser Schutzvorrichtungen. Begreift ihr denn nichts? Seht ihr denn nichts? Hört ihr denn nichts? Wißt ihr denn nicht…? Ihr habt auf einen kleinen Busch gestarrt und gar nicht gemerkt, daß ihr hoch auf einem Berg steht, der euch einen Blick über die ganze Welt bietet. Ihr habt euren Blick auf ein Hindernis fixiert und wart nicht imstande, zu erkennen, daß dieses Hindernis nur dazu diente, für euch den richtigen Weg zu markieren. Ihr habt euch darin erschöpft, eure Verluste zu beklagen und wart blind dafür, daß diese Verluste dazu da sind, euch dafür aufzuschließen, das Geschenk des Lebens empfangen zu können.

Der Fremde mußte ihnen auf den Kopf zu sagen, daß sie nichts begriffen, damit ihnen die Augen aufgingen. Aufgingen wofür? Daß sie Vertrauen haben sollten, haben konnten. Sie konnten nicht das Vertrauen aufbringen, daß ihre Erfahrungen mehr seien als bloß die Erfahrung eines unwiederbringlichen Verlustes. Sie hatten kein Vertrauen mehr, daß sich ihnen noch eine andere Möglichkeit biete, als heimzugehen und wieder ihre alte Lebensart aufzunehmen. „Begreift ihr denn nicht? Wie schwer fällt es euch, zu glauben!" Schwerfällig im Glauben sind sie. Schwerfällig im Vertrauen darauf, daß es einen größeren Zusammenhang gibt; schwerfällig darin, über ihren eigenen Schatten zu springen, ihre vielen Klagen hinter sich zu lassen und das breite Spektrum neuer Möglichkeiten zu entdekken; viel zu schwerfällig, um sich über die augenblicklichen Schmerzen hinauszurecken und sie als Teil eines viel umfassenderen Heilungsprozesses zu sehen.

Diese Schwerfälligkeit ist keine harmlose Schwerfälligkeit, denn sie ist dazu angetan, uns ganz in unsere Beschwerden einzuwickeln und uns im Sumpf unserer Kleinkariertheit versinken zu lassen. Genau diese Schwerfälligkeit kann uns daran hindern, die weite Landschaft zu entdecken, in der wir in Wirklichkeit leben. Es ist durchaus möglich, daß wir bis an unser Lebensende nie erkannt haben, wer wir sind und was aus uns hätte werden sollen. Das Leben ist kurz. Wir können nicht einfach erwarten, daß das wenige, was wir sehen, hören und erfahren, uns das Gesamt unseres Daseins offenbaren werde. Wir sind dafür viel zu kurzsichtig und zu schwerhörig. Wir brauchen jemanden, der uns die Augen und Ohren öffnet und uns hilft, das zu entdecken, was jenseits der Schwellen unserer Wahrnehmung liegt. Jemand muß unsere Herzen zum Brennen bringen!

Jesus schließt sich uns an, wenn wir traurig unterwegs sind, und er legt uns dar, was in der gesamten Schrift steht. Aber wir wissen nicht, daß es Jesus ist. Wir halten ihn für einen Fremden, der weniger als wir selbst weiß, was sich in unserem Leben abspielt. Und trotzdem – wir wissen irgendetwas, wir spüren irgendetwas, wir ahnen ganz klar etwas – unsere Herzen beginnen zu brennen. In dem Augenblick selbst, in dem er bei uns ist, können wir nicht ganz verstehen, was vorgeht. Wir können einander das nicht sagen. Später, ja, später, wenn alles vorbei ist, dann können wir vielleicht sagen: „Brannte uns nicht das Herz in der Brust, als er unterwegs mit uns redete und uns den Sinn der Schrift erschloß?" Aber wenn er auf dem Weg bei uns ist, ist das zu unmittelbar, als daß wir darüber nachdenken könnten.

An diese geheimnisvollen Gegenwart möchte uns der „Wortgottesdienst" in jeder Eucharistiefeier rühren lassen. Genau die gleiche geheimnisvolle Gegenwart offenbart sich uns immer wieder, wenn wir unser Leben aus dem Geist der Eucharistie gestalten. Die Lesungen aus dem Alten und dem Neuen Testament und die anschließende Homilie werden uns angeboten, damit wir seine Gegenwart erkennen, wenn er mit uns in unserer Trauer unterwegs ist. Jeden Tag gibt es eine andere Lesung, jeden Tag wird uns zur Erklärung oder als Anregung etwas anderes gesagt. Jeden Tag gibt es neue Worte, die uns begleiten können. Ohne von Gott kommende Worte können wir nicht leben, ohne Worte, die uns aus unserer Traurigkeit herausholen und uns weitere Perspektiven aufreißen, die uns entdecken helfen, daß wir wirklich leben.

Wichtig zu wissen ist, daß alle diese gelesenen oder gesprochenen Worte zwar auch dazu da sind, uns zu informieren, zu unterweisen oder zu inspirieren, aber das Allerwichtigste an ihnen ist, daß in ihnen Jesus selbst gegenwärtig ist. Auf unserem Lebensweg erklärt uns Jesus die Textstellen, die von ihm handeln. Ganz gleich, ob wir das Buch Exodus, die Psalmen, die Propheten oder die Evangelien lesen: jeder Text ist dazu da, unser Herz brennend werden zu lassen. Die eucharistische Gegenwart ist zuallererst einmal eine Gegenwart im Wort. Ohne diese Gegenwart im Wort sind wir nicht imstande, seine Gegenwart im Brechen des Brotes zu erkennen.

Wir leben in einer Welt, in der die Worte der Inflation anheimgefallen sind. Wörter kosten nichts mehr. Wir werden von Wörtern überschwemmt. In Anzeigen, auf Plakatwänden, auf Verkehrszeichen, in Faltblättern, Broschüren und Büchern, auf Tafeln, Overhead-Projektoren, Computer-Bildschirmen und Videotafeln – überall werden uns unendlich viele Wörter geboten. Wörter bewegen sich, flimmern, drehen sich, werden größer, heller und fetter. In allen Farben, Formen und Größen stürzen sie sich auf uns. Aber schließlich sagen wir doch immer wieder: „Das sind alles nichts als Wörter." Ihre Zahl hat unermeßlich zugenommen, ihr Wert ist unermeßlich abgesunken. Ihr Hauptwert scheint in ihrem Informationsgehalt zu bestehen. Wörter informieren uns. Wir brauchen Wörter, um zu wissen, was oder wie wir etwas tun sollen, wohin und auf welche Weise wir gehen sollen.

Kein Wunder also, daß man auch die in der Eucharistiefeier verwendeten Wörter weithin nur noch als Wörter versteht, die uns informieren wollen. Sie erzählen uns eine Geschichte, sie unterweisen, sie ermahnen. Und weil die meisten von uns diese Wörter schon gehört haben, rühren sie uns selten noch wirklich an. Oft hören wir kaum mehr hin; alles ist uns schon zu bekannt, zu vertraut. Wir erwarten gar nicht mehr, überrascht oder berührt zu werden. Wir stellen uns darauf ein, doch immer wieder bloß das gleiche zu hören, mag das nun aus einem Buch vorgelesen oder von einem Ambo her gesprochen werden.

Das Schlimme daran ist, daß das Wort dann seine sakramentale Qualität verliert. Das Wort Gottes hat sakramentalen Charakter. Das heißt, es ist heilig. Ein heiliges Wort aber macht das gegenwärtig, wovon es spricht. Als sich Jesus mit den beiden traurigen Wanderern auf dem Weg unterhielt und ihnen die Worte der Schrift erklärte, die von ihm selbst handelten, begannen ihre Herzen zu brennen, das heißt, sie erfuhren seine Gegenwart. Indem er von sich sprach, wurde er ihnen gegenwärtig. Seine Worte bewirkten nicht nur, daß sie an ihn dachten; er sagte ihnen nicht bloß etwas über sich selbst oder inspirierte sie bloß durch die Erinnerung an ihn. Durch seine Worte wurde er für sie wirklich gegenwärtig. Das ist mit der sakramentalen Qualität des Wortes gemeint. Das heilige Wort erschafft, was es sagt.

Das Wort Gottes ist immer sakramental. Im Buch Genesis wird uns gesagt, Gott habe die Welt erschaffen, aber im Hebräischen ist das Wort für „Sprechen" das selbe Wort wie für „Erschaffen". Wörtlich übersetzt heißt es also: „Gott sprach Licht, und es wurde Licht". Für Gott ist Sprechen und Erschaffen ein und dasselbe. Wenn wir sagen, Gottes Wort sei heilig, dann meinen wir, Gottes Wort sei mit Gottes Gegenwart erfüllt.

Auf dem Weg nach Emmaus wurde Jesus gegenwärtig durch sein Wort, und diese Gegenwart verwandelte die Traurigkeit in Freude und das Klagen in Tanzen. Das geschieht bei jeder Eucharistiefeier. Das Wort, das vorgelesen und gesprochen wird, möchte uns in Gottes Gegenwart stellen und unser Herz und unser Denken umwandeln. Oft stellen wir uns das Wort so vor, als wolle es uns bloß ermahnen, hinauszugehen und unser Leben zu ändern. In Wirklichkeit geht es gar nicht in erster Linie darum, daß wir es als Anregung dafür auffassen, was wir in unserem Leben ändern müssen, wenn wir anschließend die Kirche verlassen. Nein, seine eigentliche Wirkmacht besteht darin, daß es als göttliche Kraft an uns umwandelnd wirkt, während wir es hören.

Die Evangelien sind voller Beispiele dafür, wie Gott im Wort gegenwärtig ist. Mich persönlich hat ganz besonders die Geschichte von Jesus in der Synagoge von Nazaret angesprochen. Er hat damals aus Jesaja vorgelesen:

Der Geist des Herrn ruht auf mir;
denn der Herr hat mich gesalbt.
Er hat mich gesandt,
damit ich den Armen eine gute Nachricht bringe;
damit ich den Gefangenen die Entlassung verkünde
und den Blinden das Augenlicht;
damit ich die Zerschlagenen in Freiheit setze
und ein Gnadenjahr des Herrn ausrufe.

Lukasevangelium 4,18–19

Nachdem Jesus diese Worte vorgelesen hatte, sagte er: „Heute hat sich das Schriftwort, das ihr eben gehört habt, erfüllt." Plötzlich wird klar, daß die Armen, die Gefangenen, die Blinden und die Zerschlagenen nicht irgendwelche Leute da draußen außerhalb der Synagoge sind, die eines Tages aus ihrer Not befreit werden. Nein, von den Zuhörern selbst ist die Rede. Und im Zuhören wird Gott ihnen gegenwärtig und heilt sie.

Das Wort Gottes ist nicht ein Wort, das wir irgendwann in unserem Alltagsleben in die Tat umsetzen sollten; es ist ein Wort, das uns durch unser Zuhören hier und jetzt und während dieses Zuhörens heilen möchte.

Daraus ergeben sich die Fragen: Wie kommt Gott zu mir, während ich auf das Wort höre? Wo entdecke ich die heilende Hand Gottes, die mich durch das Wort anrührt? Wie werden meine Traurigkeit, meine Klage und mein Leid in diesem jetzigen Augenblick umgewandelt? Spüre ich das Feuer der Liebe Gottes, die mein Herz läutert und mir neues Leben schenkt? Diese Fragen führen mich zum Sakrament des Wortes, zum heiligen Ort, an dem Gott real präsent ist.

Zunächst mag das für jemanden sehr neu klingen, der in einer Gesellschaft lebt, in der der eigentliche Wert eines Wortes darin besteht, daß es anwendbar ist. Aber die meisten von uns wissen trotzdem bereits, wenn auch weithin unbewußt, welch heilende oder zerstörende Kraft ein gesprochenes Wort haben kann. Wenn jemand zu mir sagt: „Ich liebe dich" oder „Ich hasse dich", dann stellt das für mich nicht bloß eine nützliche Information dar. Diese Worte lösen etwas in mir aus. Sie beschleunigen meinen Puls, meinen Herzschlag, meinen Atem. Sie bewirken, daß ich anders fühle und anders denke. Sie heben mich in eine neue Seinsweise und schenken mir ein neues Wissen über mich selbst. Diese Worte haben die Kraft, mich zu heilen oder zu vernichten.

Wenn Jesus sich uns auf dem Weg anschließt und uns die Schrift erklärt, müssen wir mit unserem ganzen Sein zuhören; wir müssen glauben, daß das Wort, das uns erschaffen hat, uns auch heilen wird. Gott möchte uns gegenwärtig werden und möchte dadurch unsere verängstigten Herzen radikal umwandeln.

Die sakramentale Qualität des Wortes macht uns nicht nur Gott in intimer persönlicher Nähe gegenwärtig, sondern diese Gegenwart verleiht uns einen ganz bestimmten Platz in der allumfassenden Heilsgeschichte. Denn der Gott, der uns gegenwärtig wird, ist nicht nur der Gott unseres Herzens, sondern auch der Gott Abrahams und Saras, Isaaks und Rebekkas, Jakobs und Leas, der Gott des Jesaja und des Jeremia, der Gott Davids und Salomos, der Gott des Petrus und des Paulus, der Gott des heiligen Franziskus und der Mutter Teresa, kurz: der Gott, dessen weltumspannende Liebe uns in Jesus, dem Gefährten auf unserem Weg, offenbart wird.

Das Wort der Eucharistie läßt uns zu einem lebendigen Glied in der großen Heilsgeschichte werden. Unsere kleinen Geschichten werden in Gottes große Geschichte hineingehoben und erhalten darin ihren einmaligen Platz. Das Wort richtet uns auf und öffnet uns die Augen dafür, daß unser alltägliches, gewöhnliches Leben in Wirklichkeit ein geheiligtes Leben ist, das eine notwendige Rolle bei der Einlösung der Verheißungen Gottes spielt. Das geschriebene und gesprochene Wort der Eucharistiefeier läßt uns mit Maria sagen: „Auf die Niedrigkeit seiner Magd hat er geschaut. Siehe, von nun an preisen mich selig alle Geschlechter. Denn der Mächtige hat Großes an mir getan... und denkt an sein Erbarmen, das er unsern Vätern verheißen hat, Abraham und seinen Nachkommen auf ewig" (Lukas 1,48–49.54–55).

Hier sehen wir, daß uns die Eucharistie, wenn wir sie in der heiligen Liturgie feiern, zu einem eucharistischen Leben beruft, einem Leben, in dem wir uns unablässig unserer Rolle in der heiligen Geschichte der erlösenden Gegenwart Gottes in allen Geschlechtern bewußt sind. Die große Versuchung in unserem Leben besteht darin, unsere Rolle als auserwähltes Volk zu verkennen und uns deshalb in die Sorgen unseres Alltagsdaseins zu verstricken. Ohne das Wort, das uns immer wieder aufrichtet, indem es uns zu Bewußtsein bringt, daß wir Gottes auserwähltes Volk sind, bleiben oder werden wir kleinkarierte Menschen, die im Sumpf ihrer kleinlichen Beschwerden steckenbleiben, die der tägliche Kampf ums Überleben mit sich bringt. Ohne das Wort, das unsere Herzen brennen macht, können wir kaum mehr tun, als heimgehen und zu dem resignierten Schluß zu kommen, es gebe nichts Neues unter der Sonne. Ohne das Wort hat unser Leben wenig Sinn, wenig Vitalität und wenig Energie. Ohne das Wort bleiben wir kleinkarierte Menschen mit kleinkarierten Sorgen, die ein kleinkariertes Leben führen und einen kleinkarierten Tod sterben. Ohne das Wort mögen wir zwar einen oder zwei Tage lang eine Notiz in der Lokalzeitung oder sogar in einem überregionalen Blatt wert sein, aber auf keinen Fall werden uns „selig preisen alle Geschlechter". Ohne das Wort löschen unsere aus dem größeren Zusammenhang gelösten Schmerzen und Kümmernisse allzuleicht den Geist in uns aus und lassen uns zu Opfern der Bitterkeit und des Grolls werden.

Wir brauchen das Wort, das uns der zuspricht, der sich uns auf dem Weg anschließt und uns seine Gegenwart spüren läßt. Diese Gegenwart spüren wir dann, wenn unser Herz brennt. Diese Gegenwart ermutigt uns, unsere verhärteten Herzens zu öffnen und dankbar zu werden. Als dankbare Menschen können wir den, der unsere Herzen in Brand gesteckt hat, in die Vertrautheit unseres Hauses einladen.

DRITTES KAPITEL

Den Fremden einladen

„Ich glaube“

Während sie dem Fremden zuhören, ändert sich etwas in den beiden traurigen Wanderern. Sie verspüren nicht nur neue Hoffnung und eine neue Freude, die an ihr innerstes Wesen rührt, sondern auch ihr Schritt wird zielstrebiger. Der Fremde hat ihnen wieder eine klare Richtung gewiesen. „Heimgehen" heißt jetzt nicht mehr, an den einzig noch übriggebliebenen Ort zurückkehren. Das „Daheim" ist jetzt mehr als eine notwendige Zufluchtsstätte, ein Haus, in das man sich geschlagen zurückzieht und in dem man so lange bleibt, bis man vielleicht doch wieder weiß, was man überhaupt noch tun könnte. Der Fremde hat ihrem Wandern einen neuen Sinn gegeben. Ihr leeres Haus ist zum Ort des Willkommens geworden, eine Stätte, in die man Gäste einlädt, einen Platz, an dem man das unerwartet angeknüpfte Gespräch weiterführen kann.

Wenn man nur noch seine Verluste spürt, redet alles, was einen umgibt, nur noch davon. Die Bäume, die Blumen, die Wolken, die Hügel und Täler – ausnahmslos alles spiegelt nur noch die eigene Traurigkeit. Alles trauert mit. Wenn die beste Freundin gestorben ist, spricht die ganze Natur von ihr. Der Wind flüstert ihren Namen, die Bäume lassen ihre Äste und Zweige in der Trauer um sie herabhängen, die Dahlien und Rhododendren lassen ihre Blütenblätter fallen, um ihren Körper zu bedecken. Aber wenn man auf seinem Weg jemanden zur Seite hat, der einem das Herz für die geheimnisvolle Wahrheit öffnet, daß der Tod der Freundin nicht einfach das Ende war, sondern auch ein Neuanfang, nicht nur ein grausames Verhängnis, sondern auch der unumgängliche Weg in die Freiheit, nicht nur eine häßliche und grausige Zerstörung, sondern ein Leiden, das zur Herrlichkeit führt, dann entdeckt man auch, daß sich ganz leise in der Schöpfung ein neuer Klang eröffnet, und das Heimgehen entspricht einer tiefsten Sehnsucht des eigenen Herzens.

Von all dem, was der Fremde gesagt hatte, hatte sich ihrem Sinn ein Wort ganz besonders nachhaltig eingeprägt: das Wort „Herrlichkeit". „Mußte nicht der Messias all das erleiden, um so in seine Herrlichkeit zu gelangen?", hatte er gesagt. Ihr Sinnen und Denken war immer noch ganz von den Bildern des Todes und der Vernichtung erfüllt. Und jetzt stand da plötzlich das Wort „Herrlichkeit" lebendig im Raum. Es schien nicht dazuzupassen. Aber trotzdem, seit es der Fremde gesagt hatte, waren ihre Herzen davon wie angezündet. Es hatte ihnen geholfen, etwas zu sehen, wofür sie vorher ganz blind gewesen waren. Es war gewesen, als hätten sie nur den Mist gesehen, der die Ackerfläche bedeckte, aber nicht das Obst auf den Bäumen, das daraus erwachsen war. Herrlichkeit, Licht, Glanz, Schönheit, Wahrheit – das alles schien so unwirklich und so unerreichbar weit fort! Aber jetzt erfüllte ein ganz neuer Klang die Luft, und die Felder hatten eine ganz neue Farbe. Das Heimgehen tat jetzt gut. Die Heimat lud sie ein. Heimat ist da, wo der Tisch bereitsteht – der Tisch, um den man sich setzt, um mit Freunden zu essen und zu trinken.

Und der Fremde? War er nicht ihr Freund geworden? Er macht unser Herzen brennen, er öffnet uns Augen und Ohren. Er ist unser Gefährte auf dem Weg! Das Daheim ist der rechte Ort, den Freund zu empfangen. Und so sagen sie: „Bleib doch bei uns; denn es wird bald Abend, der Tag hat sich schon geneigt." Er bittet nicht darum, eingeladen zu werden. Er bittet nicht um eine Stätte, wo er bleiben kann. Im Gegenteil, er tut, als wolle er weitergehen. Aber sie bestehen darauf, daß er mit ins Haus kommt, ja sie dringen in ihn, er solle doch unbedingt bei ihnen bleiben. Er nimmt an. Er geht mit ins Haus und bleibt bei ihnen.

Vielleicht haben wir das noch nie so gesehen: daß die Eucharistiefeier eine Einladung an Jesus ist, bei uns zu bleiben. Gewöhnlich stellen wir uns das umgekehrt vor: daß Jesus uns in sein Haus einlädt, an seinen Tisch, zu seinem Mahl. Aber es ist genau andersherum: Jesus möchte von uns eingeladen werden. Lädt man ihn nicht ein, so geht er anderswo hin. Es ist sehr wichtig, deutlich zu sehen, daß Jesus sich uns nie aufdrängt. Wenn wir ihn nicht einladen, bleibt er immer ein Fremder, vielleicht ein sehr sympathischer, geistreicher Fremder, mit dem wir uns sehr angeregt unterhalten haben, aber dennoch ein Fremder.

Selbst wenn er uns viel von unserer Traurigkeit genommen und uns gezeigt hat, daß unser Leben nicht so mickrig und unbedeutend ist, wie wir immer gemeint hatten, kann es sein, daß er für uns trotzdem der Fremde bleibt, den wir unterwegs getroffen haben, die eindrucksvolle Persönlichkeit, der wir zufällig begegnet sind und mit der wir uns eine Zeitlang unterhalten haben, der ungewöhnliche Mensch, von dem wir unserer Familie und unseren Freunden erzählen können.

Ich entsinne mich vieler Begegnungen mit Menschen, die mein Herz brennen machten, aber die ich nicht in mein Daheim eingeladen habe. Manchmal erlebt man solche Begegnungen während eines Fluges, manchmal in der Bahn, manchmal auf einer Party. Später erzähle ich dann meinen Freunden: „Ich muß euch unbedingt erzählen, wen ich heute getroffen habe. Ein faszinierender Mensch. Er äußerte bemerkenswerte Dinge, so daß ich meinen Ohren kaum traute. Mir kam es vor, als kenne er mich ganz genau. Er konnte geradezu meine Gedanken lesen und mir Dinge sagen, als sei er ein alter Freund von mir. Das war etwas Besonderes, Einmaliges, Erstaunliches. Ich wünschte, ihr hättet ihn erleben können! Aber er ist ich weiß nicht wohin gegangen."

So interessant, anregend und inspirierend alle diese Fremden auch sein mögen – wenn ich sie nicht zu mir daheim einlade, geschieht nichts von Belang. Vielleicht trage ich einige gute neue Ideen mit heim, aber mein Leben bleibt grundsätzlich das gleiche. Ohne Einladung, die der Ausdruck der Wunsches nach einer bleibenden Beziehung ist, kann die gute Nachricht, die wir gehört haben, keine nachhaltige Frucht bringen. Sie bleibt dann eine „Neuigkeit" unter den vielen anderen Neuigkeiten, mit denen wir tagtäglich bombardiert werden.

Es gehört zu den Merkmalen unserer zeitgenössischen Gesellschaft, daß aus noch so anregenden Begegnungen keine tiefen Beziehungen werden. Auf diese Weise sammeln wir jede Menge von guten Ratschlägen, hilfreichen Ideen und wunderbaren Ansichten, aber dabei reiht sich immer ein Ratschlag, eine Idee, eine Ansicht an alle anderen; wir nehmen alles der Reihe nach zur Kenntnis, lassen uns aber nie ernsthaft und konsequent auf etwas ein. In einer Gesellschaft, die derart mit Informationen überfrachtet wird, verkommen dann selbst die wesentlichsten Begegnungen zu „etwas höchst Interessantem" unter einer Unzahl anderer interessanter Dinge.

Nur wenn auf sie die Einladung „Bleib doch bei uns" folgt, kann aus einer interessanten Begegnung eine anhaltende Beziehung werden, die uns spürbar verändert.

Einer der entscheidendsten Augenblicke in der Eucharistiefeier – und auch in unserem Leben – ist der Augenblick der Einladung. Wir können sagen: „Es war nett, Sie kennengelernt zu haben. Danke für das anregende Gespräch. Sie haben mir viel geholfen und mich ermutigt. Ich wünsche Ihnen für die Zukunft alles Gute! Auf Wiedersehen!" Oder wir können sagen: „Was Sie mir gesagt haben, hat mich tief bewegt. Das verändert etwas in meinem Leben ... Bitte kommen Sie doch zu mir heim. Ich will Ihnen zeigen, wo und wie ich lebe!" In dieser Einladung, zu uns heimzukommen und sich alles anzuschauen, besteht der ganze Unterschied.

Jesus ist ein sehr interessanter Gesprächspartner, seine Worte sind voller Weisheit. In seiner Gegenwart wird es einem warm ums Herz. Seine Güte und Liebenswürdigkeit rühren einen zutiefst an. Seine Botschaft ist recht herausfordernd. Aber – laden wir ihn zu uns ein? Möchten wir wirklich, daß er zu uns kommt und sich die vier Wände unseres innersten Lebens genau anschaut?

Möchten wir ihm alle Menschen vorstellen, mit denen wir zusammenleben? Möchten wir, daß er uns bei unserem Alltagsleben zusieht? Möchten wir, daß er an unsere wundesten Punkte rührt? Möchten wir, daß er auch die Hinterzimmer unserer Wohnungen besichtigt, die Kammern, die wir lieber fest verschlossen halten? Möchten wir wirklich, daß er bei uns bleibt, wenn es Abend wird und sich der Tag schon geneigt hat?

Für die Eucharistiefeier ist diese Einladung notwendig. Wenn wir auf sein Wort gehört haben, müssen wir auch in der Lage sein, mehr zu sagen als bloß: „Das war ganz interessant!" Wir müssen den Mut aufbringen, zu sagen: „Ich vertraue dir, ich vertraue mich dir an, mit meinem ganzen Wesen, mit Körper, Geist und Seele. Ich möchte keinerlei Geheimnisse vor dir haben. Du kannst alles sehen, was ich mache, kannst alles hören, was ich sage. Ich möchte nicht, daß du für mich ein Fremder bleibst. Ich möchte, daß du mein vertrautester Freund wirst. Ich möchte, daß du mich genau kennst, nicht nur, während ich jetzt auf der Straße dahinwandere und mich mit meinen Weggefährten unterhalte, sondern auch, wenn ich mit meinen persönlichsten Gefühlen und Gedanken allein bin. Und vor allem möchte ich dich besser kennenlernen, nicht nur als vorübergehenden Mitwanderer, sondern als Gefährten meiner Seele."

Dies zu sagen, fällt nicht leicht, denn wir sind ängstliche Menschen, und wir vertrauen nicht leicht alles, was in uns steckt, jemand anderem an. Unsere Sehnsucht, andere zu kennen und von ihnen erkannt zu werden, hält sich die Waage mit unserer Angst, ganz offen und verwundbar zu sein, durchschaut zu werden.

Ich verstecke sogar bestimmte Seiten meiner selbst vor mir selbst! Es gibt Gedanken, Gefühle und Empfindungen, die so verwirrend für mich sind, daß ich lieber so tun möchte, als gebe es sie gar nicht. Wenn ich schon mir selbst nicht ganz traue – wie könnte ich da jemand anderem restlos trauen?

Und trotzdem: unsere tiefste Sehnsucht richtet sich darauf, zu lieben und geliebt zu werden. Das ist aber nur möglich, wenn wir bereit sind, andere zu erkennen und uns von anderen erkennen zu lassen.

Jesus offenbart sich uns als der Gute Hirt, der uns durch und durch kennt und uns liebt. Aber möchten wir wirklich von ihm gekannt werden? Möchten wir wirklich, daß er ungehindert jede Kammer unseres Inneren betreten kann? Möchten wir wirklich, daß er sowohl unsere guten wie unsere schlechten Seiten kennt, unser Licht genauso wie unsere Schatten? Oder ist es uns doch lieber, daß er weitergeht, ohne unser Haus zu betreten? Letztlich läuft also alles auf die Frage hinaus: Vertrauen wir ihm wirklich voll und ganz? Vertrauen wir ihm wirklich und vorbehaltlos unser ganzes Wesen an?

Wenn wir nach den Lesungen und der Homilie sprechen: „Ich glaube an Gott, den Vater und den Sohn und den Heiligen Geist, an die katholische Kirche, die Gemeinschaft der Heiligen, die Vergebung der Sünden, die Auferstehung der Toten und das ewige Leben", dann laden wir damit Jesus in unser Haus ein und vertrauen uns selbst seinem Weg an.

Als Element der eucharistischen Feier und, mehr noch, unseres eucharistischen Lebens, ist das Credo sehr viel mehr als eine Zusammenfassung der Lehre der

Kirche. Es ist ein Bekenntnis unseres Glaubens und Vertrauens. Das griechische Wort „pistis“ für Glauben bedeutet gleichzeitig „Vertrauen“. Wenn wir das Glaubensbekenntnis sprechen, sagen wir in aller Form und feierlich „Ja“. Wir sagen „Ja“ zu dem, der uns die Schriften erklärt hat als Schriften, die von ihm sprechen. Dieses ausdrückliche „Ja“ nicht nur zu den Worten, die er gesagt hat, sondern auch zu dem, der sie gesprochen hat, bringt uns schließlich an den Tisch. Wenn wir sagen können: „Ja, wir vertrauen dir, und wir vertrauen dir unser Leben an“, dann tun wir einen Schritt mehr, als nur in seiner Gegenwart unseren Weg fortzusetzen: wir öffnen uns für eine ganz enge Gemeinschaft mit ihm. Das ist die Kommunion.

Die zwei dahinwandernden Freunde laden den Fremden ein, bei ihnen zu bleiben, ja sie nötigen ihn regelrecht dazu. „Sei unser Gast“, sagen sie. Sie möchten seine Gastgeber sein. Sie laden den Fremden dazu ein, seine Fremdheit abzulegen und mit ihnen familiär vertraut zu werden. Darin besteht echte Gastfreundschaft: man bietet einen sicheren Ort an, an dem der Fremde zum Freund und Familienmitglied werden kann. Zunächst waren da zwei Freunde und ein Fremder. Aber jetzt sind es drei Freunde, die miteinander um den gleichen Tisch sitzen.

Der Tisch ist der Ort der Familie und der Freundschaft. Wenn wir miteinander an einem Tisch sitzen, entdecken wir einander. An diesem Platz beten wir; und wir fragen: „So, wie war es heute?“ Hier essen und trinken wir miteinander und sagen: „Komm, greif noch einmal zu!“ An diesem Ort werden alte und neue Geschichten hervorgeholt. Es ist der Ort für Lachen und für Tränen. Der Tisch ist auch der Ort, an dem man Distanz am schmerzlichsten spürt. Es ist der Ort, an dem Kinder die Spannung zwischen ihren Eltern spüren, an dem Brüder und Schwestern ihren Streit und ihre Eifersüchteleien miteinander austragen, an dem man sich gegenseitig Vorwürfe macht und Teller und Tassen zu Instrumenten der Gewalttätigkeit werden können. Wenn wir miteinander um den Tisch sitzen, spüren wir schnell, ob zwischen uns Freundschaft und tiefe Gemeinsamkeit herrschen oder Abneigung und Spaltung. Gerade weil der Tisch der Ort der Nähe für alle Mitglieder des Haushalts ist, ist er auch der Ort, wo das Fehlen der Nähe am schmerzlichsten zu Tage tritt.

Als Jesus am Abend vor seinem Tod mit seiner Jüngern um den Tisch zusammenkam, offenbarte er sowohl Nähe, als auch Distanz. Er teilte das Brot und den Becher zum Zeichen der Freundschaft, aber er sagte auch: „Schaut, hier mit mir am Tisch ist die Hand des Menschen, der mich verrät“ (vgl. Lukas 22, 21).

Wenn ich an meine eigene Kindheit und Jugend denke, fallen mir am ehesten Szenen um den Familientisch ein, vor allem an Festtagen. Ich erinnere mich an Weihnachtsschmuck, Geburtstagskuchen, Osterlichter und fröhliche Gesichter, aber auch an gereizte Worte, den-Tisch-Verlassen, Weinen, Betretenheit und scheinbar endloses Verstummen.

Am verletzlichsten sind wir, wenn wir miteinander schlafen oder essen. Bett und Tisch sind die beiden Orte intimster Nähe. Und die beiden Orte größter Verletzungen. Vielleicht ist von beiden sogar der Tisch der wichtigere, weil darum alle versammelt sind, die zum

Haushalt gehören, und an ihm Familie, Gemeinschaft, Freundschaft, Gastfreundschaft und echte Großzügigkeit am ehesten zum Ausdruck kommen und verwirklicht werden können.

Jesus nimmt die Einladung an, ins Haus seiner Weggefährten zu kommen, und er setzt sich mit ihnen zu Tisch. Sie bieten ihm den Ehrenplatz an. Er ist im Mittelpunkt. Sie sind an seiner Seite. Sie schauen ihn an. Er schaut sie an. Nähe, Freundschaft, Gemeinschaft entsteht. Dann geschieht etwas Neues. Etwas, das ein ungeübtes Auge kaum wahrnehmen kann. Jesus ist Gast seiner Freunde, aber sobald er ihr Haus betritt, wird er ihr Gastgeber! Und als ihr Gastgeber lädt er sie ein, in volle Gemeinschaft mit ihm zu treten: mit ihm zu kommunizieren.

VIERTES KAPITEL

Kommunizieren – intensiv Gemeinschaft haben

„Nehmt und eßt“

Als Jesus das Haus seiner Jünger betritt, wird es sein Haus. Der Gast wird zum Gastgeber. Der Eingeladene lädt ein. Die zwei Jünger, die dem Fremden vertraut und ihn deshalb in ihren Innenraum hatten eintreten lassen, werden jetzt ins Innenleben ihres Gastgebers eingeführt.

„Und als er mit ihnen bei Tisch war, nahm er das Brot, sprach den Lobpreis, brach das Brot und gab es ihnen." So einfach, so gewöhnlich, so eindeutig – und dennoch: so ganz anders! Was könnte man sonst noch tun, wenn man mit Freunden sein Brot teilt? Man nimmt es, segnet es, bricht es und gibt es! Dazu ist Brot da: damit man es nimmt, segnet, bricht und gibt! Nichts Neues, nichts Überraschendes. Jeden Tag geschieht das in unzähligen Häusern. Es gehört zum Wesentlichsten im Leben. Wir können nicht wirklich leben, ohne daß Brot genommen, gesegnet, gebrochen und gegeben wird. Ohne solches Brot gibt es keine Tischgemeinschaft, keine Gemeinschaft, kein Freundschaftsband, keinen Frieden, keine Liebe, keine Hoffnung. Doch mit diesem Brot kann alles neu werden!

Vielleicht haben wir vergessen, daß die Eucharistie eine schlichte menschliche Geste ist. Die Meßgewänder, die Kerzen, die Ministranten, die großen Bücher, die ausgebreiteten Arme, der große Altar, die Lieder, das Volk – nichts scheint da besonders einfach, besonders gewöhnlich, besonders eindeutig zu sein. Oft brauchen wir ein Meßbuch, um der Zeremonie folgen und ihren Sinn begreifen zu können. Und trotzdem geht es im Grunde um nichts wesentlich anderes als um das, was in jenem kleinen Dorf zwischen den drei Freunden geschah. Da sind Brot und Wein auf dem Tisch. Das Brot wird genommen, gesegnet, gebrochen und gegeben. Der Wein wird genommen, gesegnet und gegeben. Das geschieht um jeden Tisch, der ein Tisch des Friedens sein will.

Immer wenn wir Jesus in unser Haus einladen, das heißt, in unser Leben mit allen seinen lichten und dunklen Seiten, und ihm den Ehrenplatz bei Tisch zuweisen, nimmt er das Brot und den Becher und gibt sie uns, wobei er sagt: „Nehmt und eßt, das ist mein Leib. Nehmt und trinkt, das ist mein Blut. Tut dies zu meinem Gedächtnis."

Überrascht uns das? Eigentlich nicht! Brannte uns nicht das Herz in der Brust, als er unterwegs mit uns redete? Wußten wir nicht schon, daß er für uns kein Fremder war? Hatten wir nicht schon gemerkt, daß der, den unsere Führer hatten ans Kreuz schlagen lassen, lebte und bei uns war? Hatten wir das nicht schon früher gesehen: wie er das Brot nahm, es segnete, brach und uns gab? Genau das hatte er angesichts der großen Menge getan, die stundenlang seinem Wort zugehört hatte; das hatte er im Obergemach getan, ehe Judas ihn dem Leiden überliefert hatte; und er hatte es unzählige Male getan, wenn es Abend geworden war und wir uns zu einem einfachen Mahl um den Tisch versammelt hatten.

Die Eucharistie ist die alltäglichste und gleichzeitig göttlichste Geste, die man sich vorstellen kann. Das ist die Wahrheit Jesu. So menschlich, und doch so göttlich; so vertraut, und doch so geheimnisvoll; so nah, und doch so Unbegreifliches offenbarend! Aber das ist die Geschichte Jesu. „Er war Gott gleich, hielt aber nicht daran fest, wie Gott zu sein, sondern er entäußerte sich und wurde wie ein Sklave und den Menschen gleich. Sein Leben war das eines Menschen; er erniedrigte sich und war gehorsam bis zum Tod, bis zum Tod am Kreuz" (Philipper 2,6–8). Das ist die Geschichte Gottes, der uns ganz nah kommen möchte, so nah, daß wir ihn mit eigenen Augen sehen, mit eigenen Ohren hören, mit eigenen Händen berühren können; so nah, daß nichts zwischen uns und ihm ist, nichts, was uns trennt, nichts, was entzweit, nichts, was Abstand schafft.

Jesus ist Gott-für-uns, Gott-mit-uns, Gott-in-uns. Jesus ist Gott, der sich selbst vollständig gibt. Jesus hält das, was er besitzt, nicht fest, er klammert sich nicht daran. Er gibt alles, was er geben kann. „Eßt, trinkt, das ist mein Leib, das ist mein Blut... das bin ich für euch!"

Wir alle kennen diesen Wunsch, uns selbst bei Tisch zu geben. Wir sagen: „Eßt und trinkt, ich habe das für euch besorgt. Nehmt noch mehr, es ist dazu da, daß ihr es genießt, daß es euch stärkt, ja, daß ihr spürt, wie sehr ich euch liebe!" Wir sehnen uns im Grunde nicht nur danach, Essen zu geben, sondern, uns selbst zu geben. „Sei mein Gast", sagen wir. Und indem wir unsere Freunde ermuntern, an unserem Tisch zuzugreifen, wollen wir sagen: „Sei mein Freund, sei mein Gefährte, sei meine Liebe – sei Teil meines Lebens – Ich möchte mich selbst dir geben."

In der Eucharistie gibt Jesus alles. Das Brot ist nicht nur ein Zeichen seines Wunsches, unsere Nahrung zu werden, der Becher ist nicht nur ein Zeichen seiner Bereitschaft, unser Trank zu sein. Brot und Wein *werden* im Geben sein Leib und sein Blut. Ja, das Brot ist sein Leib, gegeben für uns, der Wein ist sein Blut, ausgegossen für uns. So wie Gott für uns in Jesus voll und ganz gegenwärtig wird, so wird Jesus für uns im Brot und Wein der Eucharistie voll und ganz gegenwärtig. Gott ist nicht nur vor vielen Jahren in einem fernen Land Fleisch geworden. Gott wird auch für uns in diesem gegenwärtigen Augenblick der Eucharistiefeier Speise und Trank, dort, wo wir miteinander um den Tisch versammelt sind. Gott hält nichts zurück, Gott gibt alles. Das ist das Geheimnis der Eucharistie. Die Fleischwerdung und die Eucharistie sind die beiden Ausdrucksformen der unermeßlichen, sich selbst gebenden Liebe Gottes. So sind das Opfer am Kreuz und das Opfer auf dem Tisch ein und dasselbe Opfer, das eine vollständige Sich-selbst-Geben Gottes, das sich an die ganze Menschheit in Zeit und Raum richtet.

Das Wort, das am besten dieses Geheimnis der völlig sich selbst gebenden Liebe Gottes zum Ausdruck bringt, ist das Wort „Kommunion“. Dieses Wort enthält die Wahrheit, daß Gott in und durch Jesus uns nicht nur belehren, unterweisen oder inspirieren, sondern daß er eins mit uns werden möchte. Gott sehnt sich danach, ganz und gar eins mit uns zu werden, so daß Gott ganz und gar und wir ganz und gar in einer dauerhaften Liebe miteinander verbunden sein können. Die ganze lange Geschichte der Beziehung Gottes zu uns Menschen ist die Geschichte einer sich immer mehr vertiefenden Kommunion. Das ist nicht nur eine Geschichte unablässiger Abfolgen des Einswerdens und Sich-Trennens und wiederhergestellten Einsseins, sondern eine Geschichte, in der Gott immer neue Wege und Möglichkeiten sucht, um mit denjenigen zu kommunizieren, die er als sein Ebenbild erschaffen hat.

Augustinus hat gesagt: „Ruhelos ist mein Herz, bis es Ruhe findet in dir, o Gott". Aber wenn ich die ungemein schmerzliche Geschichte unserer eigenen Erlösung genau bedenke, sehe ich, daß nicht nur wir uns danach sehnen, Gott zu gehören, sondern daß auch Gott sich danach sehnt, uns zu gehören. Es scheint, als rufe Gott uns zu: „Ruhelos ist mein Herz, bis es Ruhe findet in dir, meine geliebte Schöpfung." Von Adam und Eva bis Abraham und Sara, von Abraham und Sara bis David und Batseba, von David und Batseba bis Jesus und seither immer weiter ruft Gott danach, die Seinen möchten ihn doch aufnehmen. „Ich habe dich erschaffen, ich habe dir meine ganze Liebe gegeben – ich habe dich geführt, ich habe dir meine Unterstützung angeboten, habe dir versprochen, die ganze Sehnsucht deines Herzens zu erfüllen – wo bist du, wo ist deine Antwort, wo ist deine Liebe? Was soll ich denn noch tun, um dich dazu zu bringen, daß du mich liebst? Ich gebe nicht auf, ich versuche es weiter. Eines Tages wird es dir aufgehen, wie sehr ich mich nach deiner Liebe sehne!"

Gott sehnt sich nach Kommunion, nach einem Einssein, das lebendig und echt ist, nach einer Nähe, die sich von beiden Seiten erschließt, nach einer Beziehung, die ganz und gar auf Gegenseitigkeit beruht. Sie soll nicht erzwungen oder „gewollt" sein, sondern es soll sich um eine in Freiheit angebotene und angenommene Kommunion handeln. Gott tut alles nur Erdenkliche, um diese Kommunion zu ermöglichen. Gott wird zum Kind, das auf menschliche Fürsorge angewiesen ist, zum Knaben, der Führung braucht, zum Lehrer, der Schüler sucht, zum Propheten, der nach Mitstreitern ruft, und schließlich zum toten Menschen, der von der Lanze eines Soldaten durchbohrt und in ein Grab gelegt wird. Am Ende der ganzen Geschichte steht er vor uns, blickt uns in die Augen und stellt uns voll zärtlicher Erwartung die Frage: „Liebst du mich?", und noch einmal: „Liebst du mich?", und ein drittes Mal: „Liebst du mich?" (vgl. Johannes 21,15–17).

Diese brennende Sehnsucht Gottes danach, mit uns in innigste Beziehung zu treten, stellt den Kern der eucharistischen Feier und des eucharistischen Lebens dar. Gott möchte nicht nur in die Menschheitsgeschichte eintreten, indem er ein Mensch wird, der in einer bestimmten Zeit und einem bestimmten Land lebt, sondern Gott möchte in jeder Zeit und an jedem Ort unsere tägliche Speise und und unser täglicher Trank werden.

Darum nimmt Jesus Brot, segnet es, bricht es und gibt es uns. Und da – in dem Augenblick, in dem wir das Brot in unseren Händen sehen und es zum Mund führen, um es zu essen, ja, da gehen uns die Augen auf und wir erkennen ihn.

Die Eucharistie ist ein Erkennen. Es ist das volle Wahrhaben, daß derjenige, der nimmt, segnet, bricht und gibt, der Eine ist, der sich schon vom Anfang aller Zeiten an danach gesehnt hat, in Kommunion mit uns zu treten. Kommunion ist das, was Gott will und was wir Menschen wollen. Danach ruft das Herz Gottes und ruft auch unser Herz aus seinen innersten Tiefen, denn wir sind mit einem Herzen erschaffen, dessen Hunger nur von dem gestillt werden kann, der es erschaffen hat. Gott hat in unsere Herzen eine Sehnsucht nach Kommunion eingestiftet, die einzig Gott erfüllen kann; und er will es auch. Gott weiß um dieses Sehnen. Wir wissen kaum darum. Wir sind anderswo auf der Suche nach dieser Erfahrung des Zugehörens. Wir schauen auf die strahlende Schönheit der Natur, auf die aufregende Weltgeschichte, auf die Attraktivität von Menschen. Daß jedoch dieses einfache Brotbrechen, das so alltäglich und unspektakulär ist, der Ort sein könnte, an dem wir das Einswerden, die Kommunion finden können, nach der wir uns sehnen – darauf kommen wir nicht. Doch wenn wir unsere Verluste betrauert, ihm unterwegs zugehört und ihn in unser innerstes Wesen hinein eingeladen haben, geht uns auf, daß die Kommunion, auf deren Empfang wir schon immer gewartet haben, dieselbe Kommunion ist, die schon immer darauf gewartet hat, sich uns geben zu können.

In der Emmaus-Geschichte gibt es einen Satz, der uns mitten ins Geheimnis der Kommunion hineinführt. Es ist der Satz: „... und sie erkannten ihn; dann sahen sie ihn nicht mehr." Im selben Augenblick, in dem die beiden Freunde ihn am Brotbrechen erkennen, ist er nicht mehr bei ihnen. Sobald ihnen das Brot zu essen gegeben worden ist, sehen sie ihn nicht mehr bei sich am Tisch sitzen. Im Augenblick, da sie essen, wird er unsichtbar. Als sie in die innigste Kommunion mit Jesus treten, ist der Freund gewordene Fremde nicht mehr bei ihnen. Gerade dann, wenn er ihnen am meisten gegenwärtig wird, wird er auch zum Abwesenden.

Hier rühren wir an einen der geheimnisvollsten Aspekte der Eucharistie: das Geheimnis, daß die tiefste Kommunion mit Jesus sich in seiner Abwesenheit ereignet. Die zwei Jünger, die auf der Straße nach Emmaus gewandert waren, hatten ihm früher viele Stunden lang zugehört, waren mit ihm von Dorf zu Dorf gewandert, hatten ihm beim Predigen geholfen, hatten sich mit ihm ausgeruht und Mahl mit ihm gehalten. Im Lauf der Zeit war er ihr Lehrer, ihr Führer, ihr Meister geworden. Alle ihre Hoffnungen auf eine neue und bessere Zukunft hatten sich auf ihn konzentriert. Und trotzdem – nie hatten sie ihn ganz gekannt, nie ihn ganz verstanden. Oft hatte er zu ihnen gesagt: „Das versteht ihr jetzt noch nicht; doch später werdet ihr es begreifen" (vgl. Johannes 13,7). Sie begriffen tatsächlich nicht, was er ihnen zu sagen versuchte. Sie dachten, sie seien ihm näher als jeder andere Mensch, dem sie jemals begegnet waren. Und trotzdem sagte er immer wieder: „Das sage ich jetzt, während ich noch bei euch bin... damit ihr euch später, wenn ich fort bin, an alles erinnert, was ich euch gesagt habe, und es begreift" (vgl. Johannes 14,25–26). Eines Tages hatte er sogar gesagt, es sei gut für sie, daß er fortgehe; denn dann könne sein Geist kommen und sie in die volle, innige Gemeinschaft mit ihm einführen. Sein Geist werde ihnen die Augen öffnen und sie voll begreifen lassen, wer er sei und weshalb er zu ihnen gekommen sei (vgl. Johannes 16,7).

Während dieser ganzen Zeit mit den Jüngern hatte er keine Kommunion gefeiert. Gewiß, sie waren bei ihm geblieben und hatten zu seinen Füßen gesessen; gewiß, sie waren seine Jünger gewesen, ja sogar seine Freunde. Aber sie waren noch nicht in die volle Kommunion mit ihm getreten. Sein Leib und sein Blut und ihr Leib und ihr Blut waren noch nicht eins geworden. In vielerlei Hinsicht war er immer noch der andere gewesen, der da drüben, der vor ihnen her ging und ihnen den Weg zeigte. Aber als sie das Brot essen, das er ihnen gibt und als sie ihn erkennen, wird diese Erkenntnis zur tiefen geistlichen Bewußtheit, daß er jetzt, von diesem Augenblick an, in ihrem innersten Wesen wohnt; daß er jetzt, von diesem Augenblick an, in ihnen atmet, in ihnen spricht, ja in ihnen lebt. Wenn sie das Brot essen, das er ihnen reicht, wird ihr Leben in sein Leben verwandelt. Nicht mehr sie leben, sondern Jesus, der Christus, lebt jetzt in ihnen. Und genau in diesem heiligsten Augenblick der Kommunion entschwindet er ihren Augen.

Das ist es, was wir in der eucharistischen Feier leben. Das ist es auch, was wir leben, wenn wir ein eucharistisches Leben führen. Das ist eine so intime, so heilige, so geheimnisvolle und so geistliche Kommunion, daß sie unsere Körpersinne nicht mehr wahrzunehmen vermögen. Wir können ihn nicht mehr mit unseren sterblichen Augen sehen, nicht mehr mit unseren sterblichen Ohren hören, nicht mehr mit unserem sterblichen Körper anrühren. Er ist zu uns an jenen Ort tief in uns gekommen, wo die Mächte der Finsternis und des Bösen nicht hinreichen können, wo der Tod keinen Zutritt hat.

Wenn er uns die Hand entgegenstreckt, uns das Brot in die Hände legt und uns den Kelch an unsere Lippen führt, bittet uns Jesus darum, die bisherige oberflächlichere Freundschaft, die wir für ihn empfunden hatten, loszulassen, und gleichzeitig damit die Gefühle, Empfindungen und Gedanken, die mit dieser Freundschaft verbunden waren. Wenn wir von seinem Leib essen und von seinem Blut trinken, nehmen wir das Alleinsein an, ihn nicht länger bei uns als trostvollen Gesprächspartner am Tisch zu haben, der uns hilft, mit den Verlusten unseres tagtäglichen Lebens fertig zu werden. Das ist das Alleinsein des geistlichen Lebens, die Einsamkeit des Wissens, daß er uns näher ist, als wir uns jemals selbst nah sein können. Es ist die Einsamkeit des Glaubens.

Zweifellos rufen wir weiter: „Herr, erbarme dich!"; zweifellos hören wir weiterhin auf die Heilige Schrift und auf das, was sie uns sagen will; zweifellos sagen wir weiterhin: „Ja, ich glaube." Aber die Kommunion mit ihm geht weit über all das hinaus. Sie bringt uns an den Ort, wo das Licht unsere Augen blendet und wo unser ganzes Wesen in Finsternis gehüllt wird. An diesem Ort der Kommunion rufen wir laut: „Gott, mein Gott, warum hast du mich verlassen?" (Markus 15,34). Und am selben Ort gibt uns unsere Leere auch das Gebet ein: „Vater, in deine Hände lege ich meinen Geist!" (Lukas 23,46).

Die Kommunion mit Jesus bedeutet, so zu werden wie er. Mit ihm werden wir ans Kreuz genagelt, mit ihm ins Grab gelegt, mit ihm auferweckt, um verlorene Wanderer auf ihrem Weg zu begleiten. Die Kommunion, das Zu-Christus-Werden, führt uns in eine neue Seinswirklichkeit. Es geleitet uns in das Reich Gottes. Dort gibt es nicht mehr die früheren Unterscheidungen zwischen Glück und Traurigkeit, Erfolg und Mißerfolg, Lob und Tadel, Gesundheit und Krankheit, Leben und Tod. Dort gehören wir nicht mehr zur Welt, die immer weiter nur aufspaltet, verurteilt, trennt und wertet. Dort gehören wir zu Christus und Christus zu uns und wir mit Christus zu Gott.

Plötzlich sind die beiden Jünger, die das Brot aßen und ihn erkannten, wieder allein. Aber das ist nicht mehr das gleiche Alleinsein wie am Anfang ihrer Wanderung. Sie sind jetzt miteinander allein. Sie wissen, daß zwischen ihnen ein neues Band geknüpft worden ist. Sie blicken nicht mehr traurigen Gesichts zu Boden. Sie schauen einander an und sagen: „Brannte uns nicht das Herz in der Brust, als er unterwegs mit uns redete und uns den Sinn der Schrift erschloß?"

Kommunion führt zur „Kommunikation", zur „Kommunität", zur Gemeinschaft. Christus, der in ihnen lebt, führt sie auf neue Weise zusammen. Der Geist des auferstandenen Christus, der durch das Essen vom Brot und das Trinken aus dem Kelch in sie eingegangen ist, hat ihnen nicht nur eine neue Erkenntnis Christi selbst geschenkt, sondern auch die Augen dafür geöffnet, daß sie jetzt Mitglieder einer neuen Gemeinschaft des Glaubens sind. Die Kommunion läßt uns einander anschauen und miteinander sprechen, nicht über die letzten Nachrichten, sondern über ihn, der mit uns unterwegs war. Wir entdecken einander neu als Menschen, die zusammengehören, weil jeder von uns ihm gehört. Wir sind allein, weil er unseren Blicken entschwunden ist, aber wir sind beieinander, weil jeder von uns in Kommunion mit ihm ist und wir so durch ihn *ein* Leib geworden sind. Wir haben seinen Leib gegessen, wir haben sein Blut getrunken. Indem wir das getan haben, sind wir alle, die vom selben Brot gegessen und aus demselben Becher getrunken haben, *ein* Leib geworden. Kommunion stiftet Gemeinschaft, denn der in uns lebende Gott läßt uns den Gott in unseren Mitmenschen erkennen. *Wir* können Gott nicht im anderen Menschen sehen. Nur *Gott* in uns kann Gott im anderen Menschen sehen. Das meinen wir, wenn wir sagen: „Geist spricht zu Geist, Herz spricht zu Herz, Gott spricht zu Gott." Unsere Teilhabe am inneren Leben Gottes führt uns zu einer neuen Weise der Teilhabe am Leben jedes einzelnen unter uns.

Das mag sehr „unrealistisch" klingen, aber wenn wir es leben, wird es „realistischer" als die „Realität" der Welt. Wie Paulus sagt: „Ist der Kelch des Segens, über den wir den Segen sprechen, nicht Teilhabe am Blut Christi? Ist das Brot, das wir brechen, nicht Teilhabe am Leib Christi? *Ein* Brot ist es. Darum sind wir viele *ein* Leib; denn wir alle haben teil an dem einen Brot" (1 Korinther 10,16–17).

Dieser neue Leib ist ein geistlicher Leib, geformt vom Geist der Liebe. Das äußert sich auf sehr konkrete Weisen: im Verzeihen, in der Versöhnung, in der gegenseitigen Hilfe, im Zugehen auf Menschen in Not, in der Solidarität mit allen Leidenden und in der wachsenden Sorge um Gerechtigkeit und Frieden. So stiftet die Kommunion nicht nur Gemeinschaft, sondern die Gemeinschaft führt auch immer in die Aussendung.

FÜNFTES KAPITEL

Sich aussenden lassen

„Geht und erzählt“

Alles ist anders geworden. Seine Verluste empfindet man nicht mehr als Schwächung, sein Haus nicht mehr als leeren Ort. Die beiden Wanderer, die ihren Weg mit hängenden Köpfen angetreten hatten, schauen sich jetzt gegenseitig mit frisch leuchtenden Augen an. Der zum Freund gewordene Fremde hat sie mit seinem Geist angesteckt, dem Geist der Freude, des Friedens, des Mutes, der Hoffnung und der Liebe. Ihr Herz kennt keinen Zweifel mehr: Er lebt! Aber er lebt nicht mehr wie vorher, nicht mehr als der faszinierende Prediger und Heiler aus Nazaret, sondern er lebt als neue Begeisterung in ihnen selbst. Kleopas und sein Freund sind neue Menschen geworden. Sie haben ein neues Herz und einen neuen Geist geschenkt erhalten. Sie sind auch füreinander neue Freunde geworden. Der eine ist für den andern nicht mehr nur jemand, der ihn beim gemeinsamen Trauern um ihre Verluste trösten und aufmuntern kann. Nein, jetzt sind sie gemeinsam Menschen mit einem neuen Auftrag; sie haben miteinander etwas zu sagen, etwas Wichtiges, etwas Dringendes, etwas, das nicht verborgen bleiben kann, etwas, das unbedingt verkündet werden muß. Zum Glück haben sie einander. Niemand würde einem von ihnen allein glauben. Aber wenn sie miteinander Zeugnis ablegen, wird man ihnen zuhören und Glauben schenken. Die anderen müssen es unbedingt auch wissen, denn auch sie hatten ihre ganze Hoffnung auf ihn gesetzt: die Elf, die mit ihm am Abend vor seinem Tod gegessen haben; die Jünger, Frauen und Männer, die ihn jahrelang begleitet hatten. Sie müssen wissen, was mit ihm geschehen ist. Sie müssen wissen, daß nicht alles vorbei ist. Sie müssen wissen, daß er lebt und daß sie ihn erkannt haben, als er ihnen das Brot reichte. Es gilt keine Zeit zu verlieren. „Komm, machen wir schnell!", sagen sie zueinander. Rasch legen sie ihre Sandalen an, greifen nach ihren Mänteln und Wanderstöcken und sind schon auf dem Rückweg zu ihren Freunden, zu all denen, die vielleicht noch gar nicht wissen, daß die Frauen, die von den Engeln erfahren hatten, er sei am Leben, recht gehabt hatten. In der Geschichte wird das alles in die kurzen Worte gefaßt: „Noch in derselben Stunde brachen sie auf und kehrten nach Jerusalem zurück."

Was für ein himmelweiter Unterschied besteht zwischen ihrem „wieder Heimgehen" und diesem Zurückeilen! Das ist der Unterschied zwischen Zweifel und Glauben, Verzweiflung und Hoffnung, Angst und Liebe. Es ist der Unterschied zwischen zwei entmutigten Menschen, die sich müde auf dem Weg dahinschleppen, und zwei Freunden, die rasch dahineilen, zeitweise sogar in Laufschritt verfallen, ganz aufgeregt über die Neuigkeit, die sie für ihre Freunde haben.

Ungefährlich ist es nicht, in die Stadt zurückzukehren. Nach der Hinrichtung Jesu hatten seine Jünger Angst. Sie hatten gebangt, welches Schicksal ihnen wohl blühen mochte. Aber jetzt, da sie ihren Herrn erkannt haben, ist ihre Angst wie weggeblasen und sie sind imstande, in aller Freiheit Zeugen der Auferstehung zu werden, koste es, was es wolle. Ihnen ist klar, daß dieselben Leute, die Jesus gehaßt haben, auch sie hassen können, und daß dieselben Leute, die Jesus umgebracht haben, auch sie umbringen können. Ja, ihre Rückkehr mag sie das Leben kosten. Es kann sein, daß sie ihre neue Einsicht nicht nur mit Worten, sondern sogar mit ihrem eigenen Blut bezeugen müssen. Aber sie haben keine Angst mehr vor dem Martyrium. Der auferstandene Herr ist in ihrem innersten Wesen gegenwärtig, und er hat sie mit einer Liebe erfüllt, die stärker als der Tod ist. Nichts kann sie mehr vom Heimkehren zurückhalten, selbst wenn das „Daheim“ jetzt keinen „sicheren“ Ort mehr darstellt.

Die Eucharistiefeier schließt mit einer Aussendung. Die Worte „Gehet hin in Frieden“, mit denen der Priester die Messe beendet, heißen im Lateinischen „Ite, missa est“ und bedeuten wörtlich übersetzt: „Geht, jetzt ist Aussendung.“

Die Kommunion ist nicht das Ende. Es folgt die Aussendung, die Mission. Die Kommunion, dieser Augenblick heiligster Intimität mit Gott, ist nicht der Endpunkt des eucharistischen Lebens. Wir haben ihn erkannt, aber dieses Erkennen ist nicht bloß dazu da, daß wir es genießen oder als Geheimnis für uns behalten. Genau wie Maria von Magdala haben auch die beiden Freunde tief in ihrem Inneren die Aufforderung vernommen: „Geht zu meinen Brüdern (und Schwestern) und sagt es ihnen!“ (vgl. Johannes 20,17). Mit denselben Worten schließt die Eucharistiefeier, und in den gleichen Aufruf mündet auch das eucharistische Leben. „Geh und sag es allen. Was du gehört und gesehen hast, ist nicht bloß für dich selbst. Es ist für alle deine Brüder und Schwestern und für alle, die bereit sind, es aufzunehmen. Geh, verlier keine Zeit, warte nicht, zögere nicht, sondern mach dich unverzüglich auf und geh an die Orte zurück, von denen du hergekommen bist. Laß es alle, die du in ihren Verstecken zurückgelassen hast, wissen, daß es nichts gibt, wovor sie Angst haben müßten, sondern daß er auferstanden, wirklich auferstanden ist."

Wichtig für uns ist die Einsicht, daß wir zunächst einmal zu denen gesandt werden, die für uns keine Fremden sind. Sie kennen uns, und sie haben genau wie wir von Jesus gehört, sind aber entmutigt worden. Die Aussendung geschieht immer zuerst einmal zu den eigenen Angehörigen, zur eigenen Familie, zu den eigenen Freunden, zu denen, die ganz eng zum eigenen Leben gehören. Diese Einsicht ist alles andere als bequem. Ich finde es immer viel schwieriger, zu denen von Jesus zu sprechen, die mich durch und durch kennen, als zu denen, die von meiner „ganz persönlichen Lebensart" noch nie etwas mitbekommen haben. Gerade deshalb stellt das für uns eine ganz besondere Herausforderung dar. Die Echtheit unserer Erfahrung wird sozusagen von unseren Eltern, Ehegatten, Kindern und Brüdern und Schwestern und allen, die uns nur zu gut kennen, auf den Prüfstand gestellt.

Oft werden wir zu hören bekommen: „Da kommt er, da kommt sie wieder damit daher. Was wird schon viel dahinterstecken! Diese Begeisterung haben wir schon oft miterlebt. Das legt sich bald wieder, wie schon so oft." Oft steckt darin ein gutes Stück Wahrheit. Warum sollten sie uns gleich glauben, wenn wir ganz aufgeregt heimgerannt kommen? Warum sollten sie uns ernst nehmen? So vertrauenswürdig sind wir nun auch wieder nicht; so allzu anders als die übrige Familie und Bekanntschaft sind wir durchaus nicht. Zudem ist die Welt voller Geschichten, voller Gerüchte, voller Prediger und Evangelisten. Man hat Grund genug, ziemlich skeptisch zu sein. Diejenigen, die nicht mit uns zur Eucharistiefeier gegangen sind, sind nicht besser oder schlechter als wir selbst. Sie haben die Geschichte von Jesus gehört. Manche haben sich taufen lassen, manche sind sogar eine Zeit lang oder sogar sehr lange in die Kirche gegangen. Aber dann wurde für sie die Geschichte von Jesus Schritt für Schritt zu einer Geschichte unter vielen anderen. Die Kirche wurde zu einer bloßen Pflichtübung, die Eucharistie zum leeren Ritual. Von einem bestimmten Punkt an wurde sie für sie zur süßen oder bitteren Erinnerung. An einem bestimmten Punkt ist etwas in ihnen gestorben. Und warum sollte uns irgendjemand, der uns genau kennt, plötzlich glauben, wenn wir von der Eucharistie heimkommen? Das ist der Grund, weshalb nicht bloß die Eucharistie, sondern das *eucharistische Leben* den Unterschied ausmacht. An jedem Tag, ja in jedem Augenblick des Tages gibt es den Schmerz über unsere Verluste und die Möglichkeit, auf ein Wort zu hören, das uns auffordert, diese Verluste als Weg zur Herrlichkeit zu leben. Außerdem bietet sich jeden Tag die Möglichkeit, den Fremden in unser Haus einzuladen und ihn das Brot für uns brechen zu lassen. Die eucharistische Feier stellt für uns die Zusammenfassung all dessen dar, das unseren Glauben im Wesentlichen ausmacht, und wir müssen von dort aus heimgehen und es in unserem Leben so lange und so intensiv wie möglich in die Praxis umsetzen. Das allerdings ist sehr schwierig, denn jeder daheim kennt uns durch und durch: unsere Ungeduld, unsere Eifersüchteleien, unsere Abneigungen und unsere vielen kleinen Spielchen. Hinzu kommen unsere abgebrochenen Beziehungen, unsere nicht eingelösten Versprechen und unsere nicht eingehaltenen Verpflichtungen. Können wir wirklich sagen, daß wir ihn auf dem Weg getroffen und seinen Leib und sein Blut empfangen haben und lebendige Christusse geworden sind? Jeder daheim wird uns unverzüglich in dieser Hinsicht gründlich auf die Probe stellen.

Aber da gibt es noch etwas anderes. Das ist die große Überraschung, die die beiden aufgeregten Gefährten erwartete, als sie in den Raum gestürzt kamen, in dem ihre Freunde versammelt waren, und als sie unbedingt gleich ihre Neuigkeit los werden mußten. Diese Freunde wußten das bereits selbst! Die großartige Neuigkeit, die sie zu bringen hatten, war gar nicht mehr so neu! Noch ehe sie den Elf und ihren Gefährten ihre Geschichte erzählen konnten, sagten diese zu ihnen: „Der Herr ist wirklich auferstanden und ist dem Simon erschienen." Das ist recht amüsant. Da kommen sie hereingestürzt, sind ganz außer Atem, können vor Erregung kaum an sich halten – und müssen dann feststellen, daß die in der Stadt Gebliebenen schon alles wissen, auch wenn sie ihm nicht auf dem Weg begegnet oder mit ihm bei Tisch gesessen sind. Jesus war dem Simon erschienen, und Simon war bei weitem glaubwürdiger als diese zwei Jünger, die nicht bei ihnen geblieben, sondern heimgegangen waren, weil sie gemeint hatten, jetzt sei alles aus. Natürlich, sie waren froh und begierig, auch ihre Geschichte zu hören, aber das war lediglich eine Bestätigung mehr dafür, daß er tatsächlich lebte.

Es gibt viele Weisen, auf die Jesus erscheint und viele Weisen, auf die er uns wissen läßt, daß er lebt. Was wir in der Eucharistie feiern, ereignet sich auf sehr viel mehr Weisen, als wir denken möchten. Jesus, der uns Brot in die Hand gelegt hat, hat die Herzen anderer Menschen schon lange angerührt, bevor er sich uns auf dem Weg angeschlossen hat. Er hat irgendeine Frau bei ihrem Namen gerufen, und sie wußte, daß er es war; er hat irgendwelchen Menschen seine Wunden gezeigt, und sie wußten, daß er es war. Jeder von uns hat seine ganz eigene Geschichte zu erzählen, und es ist wichtig, daß jeder sie erzählt, aber das sind nicht die einzigen Geschichten. Wir haben eine Sendung zu erfüllen, und es ist gut, daß wir ganz erregt davon sind – aber zuerst einmal müssen wir uns anhören, was andere zu sagen haben. Dann können auch wir unsere eigene Geschichte erzählen und damit Freude auslösen. Das alles weist auf Gemeinschaft hin. Die beiden Freunde, die miteinander darüber sprechen konnten, daß ihnen das Herz in der Brust gebrannt hatte, fingen an, in eine neue Beziehung zueinander zu treten, eine Beziehung, die auf der Kommunion gründete, die sie beide erfahren hatten. Tatsächlich war ihre Kommunion mit Jesus der Anfang einer Gemeinschaft. Aber nur der Anfang. Sie mußten auch die anderen treffen, die ebenfalls glaubten, daß er auferstanden sei, und die ihn auch gesehen oder die davon gehört hatten, daß er lebe. Sie mußten auch auf die Geschichten der anderen hören, von denen jede wieder anders war. So entdeckten sie die vielen Weisen, auf die Jesus und sein Geist unter seinem Volk am Werk sind.

Es ist so leicht, daß wir Jesus auf *unseren* Jesus einengen, auf *unsere* Erfahrung seiner Liebe, auf *unsere* Weise, ihn zu kennen. Aber Jesus hat uns zurückgelassen, um uns seinen Geist zu senden, und sein Geist weht, wo er will. Die Gemeinschaft des Glaubens ist der Ort, wo sehr viele Geschichten darüber erzählt werden, auf welche Weise Jesus sich bemerkbar macht. Diese Geschichten können sehr unterschiedlich sein. Sie können sogar scheinbar im Widerstreit miteinander liegen. Aber wenn wir ganz genau hinhören, wie sich der Geist durch viele Menschen zu erkennen gibt, sowohl durch Worte als auch durch Schweigen, sowohl durch Konfrontation als auch durch Einladen, sowohl durch Güte als auch durch Festigkeit, sowohl durch Tränen als auch durch ein Lächeln – dann können wir nach und nach entdecken, daß wir zusammengehören, und zwar als ein einziger Leib, der durch den Geist Jesu zusammengefügt ist.

In der Eucharistiefeier werden wir aufgefordert, den Tisch zu verlassen und zu unseren Freunden zu gehen, um mit ihnen zusammen zu entdecken, daß Jesus wirklich lebt und uns zusammenruft, damit wir ein neues Volk werden – ein Volk der Auferstehung.

Hier endet die Geschichte von Kleopas und seinem Freund. Sie endet damit, daß die beiden Freunde ihre Geschichte den Elf und ihren Gefährten erzählen. Aber die Aussendung, die Mission endet hier nicht; sie hat noch kaum begonnen. Das Erzählen der Geschichte, was auf dem Weg und um den Tisch geschehen ist, ist der Anfang eines Lebens der Mission, des Ausgesendetseins. Dieses Leben will alle Tage unseres Lebens verwirklicht sein, bis wir ihn wieder von Angesicht zu Angesicht sehen.

Wenn wir mit unserer Familie und unseren Freunden eine Gemeinschaft bilden, wenn wir eine Liebesgemeinschaft stiften, wenn wir einem neuen Volk der Auferstehung Gestalt geben, so tun wir all dies nicht nur, um uns einen Schutzraum für ein Leben zu schaffen, das nicht wehrlos den finsteren Mächten ausgeliefert ist, die unsere Welt beherrschen. Nein, uns geht es in erster Linie darum, gemeinsam allen Menschen, Jungen und Alten, Weißen und Schwarzen, Armen und Reichen zu verkünden: der Tod hat nicht das letzte Wort, das Hoffen ist etwas Realistisches und Gott ist der Lebendige.

Die Eucharistie ist immer Aussendung. Die Eucharistie befreit uns vom lähmenden Gefühl, vieles verloren zu haben; sie offenbart uns, daß der Geist Jesu in uns lebt; sie schenkt uns die Kraft und die Vollmacht, in die Welt hinauszugehen und den Armen gute Nachricht zu bringen, den Blinden das Augenlicht und den Gefangenen Freiheit und laut zu verkünden, daß Gott wiederum allen Menschen seine Gunst erwiesen hat. Aber wir werden nicht allein ausgesandt; wir werden zusammen mit unseren Brüdern und Schwestern ausgesandt, die genau wie wir wissen, daß Jesus in ihnen lebt.

In der Eucharistie gibt es also eine fortlaufende Bewegung: die Bewegung von der Kommunion über die Gemeinschaft zum Dienst. Unsere Erfahrung der Kommunion schickt uns zunächst zu unseren Brüdern und

Schwestern, um mit ihnen unsere Geschichten zu teilen und mit ihnen einen in Liebe einsgewordenen Leib zu bilden. Dann, als Gemeinschaft, können wir in alle Richtungen ausschwärmen und uns an alle Menschen wenden.

Ich bin mir zutiefst meiner eigenen Neigung bewußt, von der Kommunion direkt in den Dienst zu gehen und die Gemeinschaft zu überspringen. Mein Individualismus und mein Wunsch, persönliche Erfolge zu erzielen, verführen mich immer und immer wieder dazu, es allein zu machen und den Dienst an mich allein zu reißen. Aber selbst Jesus predigte und heilte nicht allein. Der Evangelist Lukas erzählt uns, wie er die Nacht in Kommunion mit Gott verbracht hat, den Vormittag, um mit den zwölf Aposteln eine Gemeinschaft zu formen und den Nachmittag, um mit ihnen zusammen der Menschenmenge zu dienen (vgl. Lukas 6,12–19). Jesus beruft uns dazu, genau die gleiche Reihenfolge einzuhalten: von der Kommunion über die Gemeinschaft zum Dienst. Er möchte nicht, daß wir allein losziehen. Er schickt uns miteinander aus, jeweils zu zweit, niemals allein. So können wir als Menschen auftreten, die zu einer Glaubensgemeinschaft gehören. Wir werden ausgesandt, um zu lehren, zu heilen, zu inspirieren und der Welt Hoffnung anzubieten, und das nicht in Ausübung unserer eigenen einmaligen Überzeugungskraft, sondern als Ausdruck unseres Glaubens, daß alles, was wir zu geben haben, von dem stammt, der uns zusammengeführt hat.

Eucharistisch gelebtes Leben ist immer ein Leben der Mission. Wir leben in einer Welt, die unter ihren Verlusten stöhnt: gnadenlose Kriege vernichten Völker und

Länder, Hunger und Elend entvölkern ganze Landstriche, Verbrechen und Gewalt halten Millionen von Männern, Frauen und Kindern im Bann der Angst. Krebs und Aids, Cholera, Malaria und viele andere Seuchen zerstören die Körper unzähliger Menschen; Erdbeben, Überschwemmungen und Verkehrskatastrophen,... all das füllt jeden Tag neu die Spalten der Zeitungen und die Bildschirme der Fernsehgeräte. Es ist eine Welt voller nicht enden wollender Verluste, und viele, wenn nicht die meisten unserer Mitmenschen gehen mit niedergeschlagenen Augen über diesen Planeten. Sie sagen auf die eine oder andere Weise: „Wir aber hatten gehofft... aber wir haben alle Hoffnung verloren."

Das ist die Welt, in die wir hinausgeschickt werden, um darin auf eucharistische Weise zu leben, das heißt: mit brennenden Herzen und offenen Ohren und offenen Augen zu leben. Das scheint eine unmögliche Aufgabe zu sein. Was kann diese kleine Menschengruppe, die ihm auf dem Weg, im Garten, am Ufer des Sees begegnet ist, schon ausrichten in einer derart finsteren und gewalttätigen Welt? Das Geheimnis der Liebe Gottes besteht darin, daß unsere brennenden Herzen und unsere aufnahmebereiten Ohren und Augen die Fähigkeit bekommen, ihn, den wir in der Intimität unserer Häuser kennengelernt haben, immer wieder neu zu entdekken, wie er sich uns in den Armen, den Kranken, den Hungrigen, den Gefangenen, den Flüchtlingen und allen verängstigten Menschen offenbart.

Dabei geht uns auf, daß Mission nicht nur darin besteht, in die Welt hinauszugehen und anderen zu erzählen, daß der Herr auferstanden ist, sondern auch darin, dieses Zeugnis von denen entgegenzunehmen, zu denen wir gesandt werden. Oft stellt man sich Mission einseitig als Geben vor; aber echte Mission ist genauso ein Empfangen. Wenn es stimmt, daß der Geist Jesu weht, wo er will, so gibt es grundsätzlich keinen Menschen, aus dem sein Geist nicht zu uns sprechen könnte. Auf lange Sicht ist Mission nur dann möglich, wenn sie genauso sehr aus Empfangen wie aus Geben besteht, genauso sehr aus dem Für-sich-sorgen-Lassen wie aus dem Sorgen-für-andere. Wir werden zu den Kranken, den Sterbenden, den Behinderten, den Gefangenen und den Flüchtlingen gesandt, um ihnen die gute Nachricht von der Auferstehung Christi zu bringen; aber wir werden bald ausgebrannt sein, wenn wir nicht imstande sind, von ihnen wiederum den Geist Christi zu empfangen. Dieser Geist, der Geist der Liebe, ist in ihrer Armut versteckt, in ihrer Gebrochenheit und ihrem Leid. Daher hat Jesus gesagt: „Selig, ihr Armen, selig, die ihr jetzt hungert, selig, die ihr jetzt weint" (vgl. Lukas 6, 20–21). Immer, wenn wir uns ihnen zuwenden, segnen sie uns auch ihrerseits – mögen sie sich dessen bewußt sein oder nicht – mit dem Geist Jesu und erweisen uns so ebenfalls einen Dienst. Ohne dieses gegenseitige Schenken und Beschenktwerden arten Mission und Dienst allzuleicht in Manipulieren oder Beherrschen aus. Wenn nur der eine gibt und der andere empfängt, wird der Geber bald zum Unterdrücker und der Empfänger zum Opfer. Aber wenn der Geber empfängt und der Empfänger gibt, kann der Zirkel der Liebe, angesetzt in der Gemeinschaft der Jünger, immer weitere Kreise ziehen, bis er die ganze Welt umspannt.

Es macht das Wesen des eucharistischen Lebens aus, daß es diesen Zirkelschlag der Liebe immer mehr ausweitet. Wenn wir in die Kommunion mit Jesus eingetreten sind und mit denen, die wissen, daß er lebt, Gemeinschaft gestiftet haben, können wir hinausgehen und uns den vielen einsamen Wanderern anschließen und ihnen entdecken helfen, daß auch sie das Geschenk der Liebe mit anderen teilen können.

Wir haben keine Angst mehr vor ihrer Traurigkeit und ihrem Schmerz, sondern wir können sie ganz einfach fragen: „Was sind das für Dinge, über die ihr auf eurem Weg miteinander redet?" Und wir werden Geschichten voller unendlicher Einsamkeit hören, voller Angst, Abgelehntwordensein, Verlassenheit und Traurigkeit. Wir müssen zuhören, oft sehr lange Zeit; aber es bieten sich auch Gelegenheiten, mit Worten oder einfachen Gesten zu sagen: „Hast du nicht gewußt, daß man das, worüber du dich beklagst, auch als Weg zu etwas Neuem verstehen kann? Gut, es ist unmöglich, das, was dir widerfahren ist, ungeschehen zu machen; aber du hast immer noch die Freiheit, zu entscheiden, wie du damit umgehst." Nicht jeder wird auf uns hören, und nur wenige werden uns in ihr Leben einladen, um mit ihnen an den Tisch zu sitzen. Nur selten wird es möglich sein, ihnen lebenspendendes Brot zu reichen und ein gebrochenes Herz ganz und gar zu heilen. Auch Jesus hat nicht alle geheilt und nicht das Leben aller Menschen verändert. Die meisten Menschen glauben einfach nicht daran, daß radikale Änderungen möglich sind, und sie können Fremden, denen sie unterwegs begegnen, nicht restlos ihr Vertrauen schenken. Aber jedesmal, wenn eine echte Begegnung glückt, die aus der Verzweiflung in die Hoffnung führt und aus der Bitterkeit in die Dankbarkeit, dürfen wir erleben, daß ein Stück Finsternis verscheucht wird und wieder ein Stück Leben die Schranken des Todes durchbricht.

Das war schon immer und bleibt weiterhin die Erfahrung derjenigen, die ein eucharistisches Leben führen. Sie betrachten es als ihre Mission, beharrlich ihre Weggefährten dazu hinzuführen, daß sie statt des Grolls die Dankbarkeit wählen und statt der Verzweiflung die Hoffnung. Und die wenigen Male, wo diesem Bemühen Erfolg beschieden ist, genügen, um ihr Leben lebenswert zu machen. Wer aus Tränen ein Lächeln hervorbrechen sehen darf, ist Zeuge eines Wunders – des Wunders der Freude.

Statistisch gesehen fällt all das kaum ins Gewicht. Wer die Frage stellt: „Wie viele Menschen hast du erreicht, wie viele Leben hast du verändert? Wie viele Krankheiten hast du geheilt? Wieviel Freude hast du bewirkt?", wird immer eine enttäuschende Antwort bekommen. Jesus und seine Nachfolger hatten nie große Erfolge zu verzeichnen. Die Welt ist immer noch eine finstere Welt, ist voller Gewalttätigkeit, Korruption, Unterdrückung und Ausbeutung. Wahrscheinlich wird das immer so bleiben. Die Frage lautet nicht: „Wie bald und wie viele?", sondern: „Wo und wann?" Wo wird die Eucharistie gefeiert, wo sind die Menschen, die sich um den Tisch versammeln und miteinander Brot brechen, und wann geschieht das? Die Welt liegt in der Macht des Bösen. Die Welt erkennt nicht das Licht, das in der Finsternis scheint. Sie hat es nie getan, sie wird es nie tun. Aber es gibt Menschen, die mitten in dieser Welt mit dem Wissen leben, daß er lebt und in uns wohnt, und daß er die Macht des Todes überwunden hat und den Weg zur Herrlichkeit eröffnet. Gibt es Menschen, die zusammenkommen, die sich um den Tisch versammeln und tun, was er getan hat, zur Erinnerung an ihn? Gibt es Menschen, die einander gegenseitig immer wieder die Hoffnungsgeschichten erzählen und dann alle miteinander ausschwärmen, um sich um ihre Mitmenschen zu kümmern, nicht mit dem Anspruch, alle Probleme lösen zu können, sondern um einem Sterbenden ein Lächeln auf die Lippen zu zaubern und einem verlassenen Kind ein wenig Hoffnung zu schenken?

Das ist so klein, so unscheinbar, ja so verborgen, dieses eucharistische Leben; aber es ist wie ein Sauerteig, wie ein Senfkorn, wie das Lächeln auf dem Gesicht eines Säuglings. Aber das hält den Glauben, die Hoffnung und die Liebe am Leben, in einer Welt, die ständig am Rand der Selbstzerstörung dahintaumelt.

Die Eucharistie wird gelegentlich mit festlichen Zeremonien in prächtigen Kathedralen und Basiliken gefeiert. Sehr viel öfter aber ist sie ein „bescheidenes" Ereignis, von dem nur wenige Menschen wissen. Sie ereignet sich in einem Wohnzimmer, einer Gefängniszelle, einer Dachkammer – außer Sichtweite der aufsehenerregenden Weltereignisse. Sie vollzieht sich im Stillen, ohne Gewänder, Kerzen oder Weihrauch. Sie geschieht in so einfachen Gesten, daß Außenstehende nicht einmal merken, daß sie stattfindet. Mag sie nun groß und feierlich oder verborgen sein, es ist das gleiche Ereignis, und es offenbart immer wieder aufs Neue: das Leben ist stärker als der Tod, die Liebe ist stärker als die Angst.

Abschluß

Das Wort „Eucharistie" heißt wörtlich übersetzt „Danksagung". Ein eucharistisches Leben ist ein von Dankbarkeit erfülltes Leben. Die Geschichte der beiden Freunde, die nach Emmaus wandern, die zugleich unsere eigene Geschichte ist, hat uns gezeigt, daß die Dankbarkeit keine Haltung dem Leben gegenüber ist, die sich von allein einstellt. Die Dankbarkeit muß man entdecken und mit großer innerer Aufmerksamkeit leben. Unsere Verluste, unsere Erfahrungen des Abgelehnt- und Alleingelassenwerdens und unsere vielen Augenblicke der Enttäuschung verleiten uns immer wieder zu Ärger, Bitterkeit und Groll. Wenn wir lediglich die „Fakten" sprechen lassen, finden wir immer genügend, um uns davon zu überzeugen, daß das Leben letzten Endes zu nichts führt und daß jeder Versuch, diesem Schicksal die Stirn zu bieten, nur ein Zeichen äußerster Naivität ist.

Jesus hat uns die Eucharistie geschenkt, damit wir uns für die Dankbarkeit entscheiden können. Das ist eine Wahl, die wir ganz persönlich treffen müssen. Niemand anderer kann sie für uns treffen. Die Eucharistie jedoch regt uns dazu an, zu Gott um Erbarmen zu rufen, auf die Worte Jesu zu hören, ihn zu uns nach Hause einzuladen, in Kommunion mit ihm zu treten und der Welt die frohe Botschaft zu verkünden; sie eröffnet uns die Möglichkeit, Schritt für Schritt unsere vielen Vorbehalte abzulegen und uns für die Dankbarkeit zu entscheiden. Die Eucharistiefeier lädt uns immer neu dazu ein, diese Haltung anzunehmen. In unserem Alltagsleben bieten sich uns unzählige Möglichkeiten, dankbar statt verärgert zu sein. Am Anfang erkennen wir vielleicht diese Möglichkeiten noch nicht. Ehe wir es recht merken, haben wir schon gesagt: „Das halte ich nicht aus. Da kann ich nur wütend werden und meinen Ärger äußern. Das Leben ist ungerecht, und ich kann nicht so tun, als sei es gerecht." Doch gibt es da auch die Stimme, die uns immer und immer wieder zuflüstert, wir seien infolge unserer Voreingenommenheit blind und zögen uns selbst und andere in ein schwarzes Loch. Diese Stimme sagt uns, wir seien Narren, und sie lädt uns ein, unser Leben mit ganz neuen Augen zu betrachten, nicht von unten her, wo wir vor allem unsere Verluste aufrechnen, sondern von oben her, wo Gott uns seine Herrlichkeit anbietet.

Eucharistie – Danksagung – wird uns letzten Endes von oben her geschenkt. Es ist eine Gabe, die wir nicht von uns aus herstellen können. Wir müssen sie annehmen. Sie wird uns umsonst angeboten, und wir sollen sie umsonst annehmen. Darin besteht die Wahlmöglichkeit! Wir können die Möglichkeit wählen, daß der Fremde weitergeht und damit für uns ein Fremder bleibt. Aber wir können ihn auch in unser Innenleben hinein einladen, damit er unser Wesen von innen her anrührt und unsere Gereiztheiten und Verstimmungen in die Haltung der Dankbarkeit verwandelt. Das brauchen wir nicht zu tun. Tatsächlich tun das die meisten Menschen nicht. Aber sooft wir uns dafür entscheiden, wird alles neu; selbst die unscheinbarsten Dinge erhalten ein ganz neues Gesicht. Unser kleines Leben bekommt dann Größe, wird Teil des geheimnisvollen Werks der Erlösung durch Gott. Und wenn das eintritt, ist nichts mehr zufällig, unwichtig oder sinnlos. Selbst das unbedeutendste Ereignis spricht dann die Sprache des Glaubens, der Hoffnung und vor allem der Liebe. Das ist das eucharistische Leben, das Leben, in dem alles in das Wort „Danke“ an den mündet, der sich uns auf unserem Weg angeschlossen hat.

Weitere Bücher von Henri J. M. Nouwen im Verlag Herder

Die Kraft seiner Gegenwart NEU
Leben aus der Eucharistie.
96 Seiten, gebunden. ISBN 3-451-23469-6

Die Gabe der Vollendung NEU
Mit dem Sterben leben.
128 Seiten, gebunden. ISBN 3-451-23326-6

Ich hörte auf die Stille
Sieben Monate im Trappistenkloster.
13. Auflage, 204 Seiten, Paperback. ISBN 3-451-18023-5

Gebete aus der Stille
Den Weg der Hoffnung gehen.
Herderbücherei Band 1668, 2. Auflage, 94 Seiten, Paperback. ISBN 3-451-08668-9

In ihm das Leben finden
Einübungen.
7. Auflage, 104 Seiten, Paperback. ISBN 3-451-19549-6

Nachts bricht der Tag an
Tagebuch eines geistlichen Lebens.
3. Auflage, 272 Seiten, Paperback. ISBN 3-451-21443-1

Du bist der geliebte Mensch
Religiöses Leben in einer säkularen Welt.
4. Auflage, 128 Seiten, gebunden. ISBN 3-451-22964-1

Nähe
Sehnsucht nach lebendiger Beziehung.
144 Seiten, gebunden. ISBN 3-451-22591-3

Zeige mir den Weg
Texte für alle Tage von Aschermittwoch bis Ostern.
2. Auflage, 144 Seiten, gebunden. ISBN 3-451-21839-9

Er trägt unsere Last
Meditationen zum Kreuzweg und Leiden Jesu.
144 Seiten, gebunden. ISBN 3-451-21840-2

Der dreifache Weg
Herderbücherei Band 1737, 160 Seiten, Paperback.
ISBN 3-451-08737-5

Gottes Clown sein
Geistlich leben in unserer Zeit.
Herderbücherei Band 1753, 122 Seiten, Paperback.
ISBN 3-451-08753-7

Suche nach Einklang
Von der geistlichen Erinnerung.
Herderbücherei Band 1774, 86 Seiten, Paperback.
ISBN 3-451-08774-X

Schöpferische Seelsorge
2. Auflage, 176 Seiten, gebunden. ISBN 3-451-21544-6

Seelsorge, die aus dem Herzen kommt
Christliche Menschenführung in der Zukunft.
5. Auflage, 80 Seiten, Paperback. ISBN 3-451-21442-3

Nimm sein Bild in dein Herz
Geistliche Deutung eines Gemäldes von Rembrandt.
3. Auflage, 176 Seiten, gebunden. ISBN 3-451-22404-6

Bilder göttlichen Lebens
Ikonen schauen und beten.
2. Auflage, 92 Seiten, gebunden. ISBN 3-451-20752-4